4級の復習テスト(1) 読み

月　日

時間 20分 【はやい15分・おそい25分】

合格 80点 (一つ4点)

得点　　点

1 ――線の漢字の読み方を書きなさい。

① 金額を念入りに比べる。
② 話が重複する。
③ チームで団結する。
④ 両親と同居する。
⑤ 山の木が燃える。
⑥ 田畑を耕作する。
⑦ 主役を演じる。
⑧ 生徒を導く。

2 ――線の漢字の読み方を書きなさい。

① 友情のあかし。
② 父は近眼です。
③ 肥料をあたえる。
④ 発言を許可する。
⑤ 犯人をつかまえた。
⑥ 旧式の機械を使う。
⑦ 仮にここに置く。
⑧ 世界一の技術。

3 ――線の漢字の読み方を書きなさい。

① 歴史に興味がある。
② 太い木の幹。
③ 高いビルを築く。
④ 日本の歴史。
⑤ 入れかえが容易だ。
⑥ いきさつを記述する。
⑦ 末永くお幸せに。
⑧ 二種類の粉を混合する。

4級の復習テスト(1) 書き

月	日

時間 20分 【はやい15分・おそい25分】
合格 80点 (一つ4点)
得点 点

※(　　)は送りがなも書きなさい。

1 次の漢字を書きなさい。

① □《かり》の宿をさがす。

② □□《きそく》を守る。

③ 残り物は（　）《こやし》にする。

④ 体力を□□《そくてい》する。

⑤ 高さに□□《ひれい》する。

⑥ □□《ししゅつ》をおさえる。

⑦ あやまちを（　）《せめる》。

⑧ （　）《かぎり》なく続く。

2 次の漢字を書きなさい。

① 見なければ□《そん》だ。

② 学校の□□□《ようむいん》。

③ □□《ふくすう》による□□《はんこう》。

④ 夏の□□《こうしゅう》を受ける。

⑤ 消息を（　）《たつ》。

⑥ 一定の温度を（　）《たもつ》。

⑦ チームを（　）《ひきいる》。

⑧ （　）《なさけ》ないすがた。

3 次の漢字を書きなさい。

① すばやく□□《たいおう》する。

② 車内が（　）《こみ》合う。

③ ボランティアの□□《だんたい》。

④ □《つみ》をつぐなう。

⑤ 馬が（　）《あばれる》。

⑥ 友人に手を（　）《かす》。

⑦ □□《かめん》をかぶる。

⑧ □□《けんざかい》のとうげ。

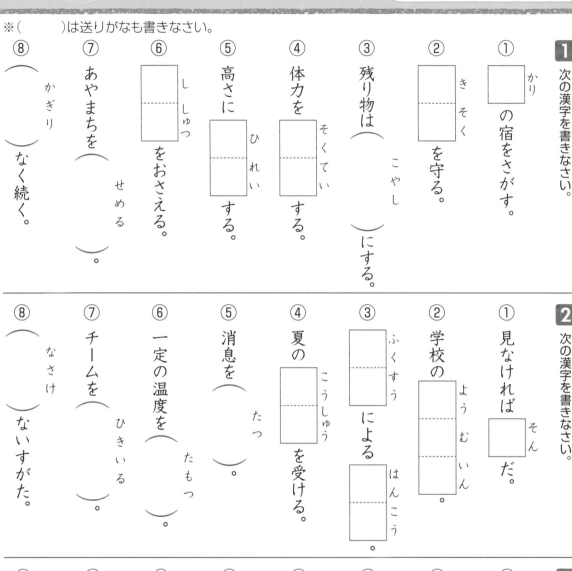

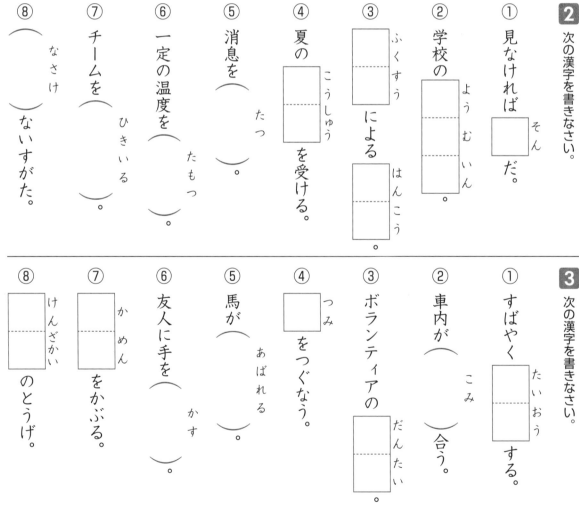

2日 4級の復習テスト(2) 読み

月　日

時間 20分【はやい15分・おそい25分】
合格 80点（一つ4点）
得点　　点

1 ――線の漢字の読み方を書きなさい。

① コードを接続する。（　　）
② 道に迷う。（　　）
③ 金の鉱山を開く。（　　）
④ 政治家になりたい。（　　）
⑤ 旅行の日程。（　　）
⑥ 一等賞をとる。（　　）
⑦ 農地を耕す。（　　）
⑧ 険しい山に登る。（　　）

2 ――線の漢字の読み方を書きなさい。

① 時間が過ぎる。（　　）
② 災害から復興する。（　　）（　　）
③ 家を新築する。（　　）
④ 明るい雑木林。（　　）
⑤ 額にあせがにじむ。（　　）
⑥ 保険証を見せる。（　　）
⑦ 銅メダルをかける。（　　）
⑧ 新しい生活に慣れる。（　　）

3 ――線の漢字の読み方を書きなさい。

① 赤い色が混じる。（　　）
② 山脈をこえる。（　　）
③ 殺人罪に問われる。（　　）
④ 成績が上がる。（　　）
⑤ 救助にあたる。（　　）
⑥ 印象を語る。（　　）
⑦ 効果がありそうだ。（　　）
⑧ お久しぶりです。（　　）

4級の復習テスト(2) 書き

月　日

時間 20分【はやい15分・おそい25分】
合格 80点（一つ4点）
得点　　点

1 次の漢字を書きなさい。

① □《そんとく》ぬきで仕事する。

② 木の□《えだ》が折れる。

③ 試験に□《ごうかく》する。

④ 自動車の□《ゆしゅつ》。

⑤ 期待に（　　）《こたえる》。

⑥ □《しょくいんしつ》に入る。

⑦ □《いま》でくつろぐ。

⑧ □《かこ》を思い出す。

2 次の漢字を書きなさい。

① 顔が母に（　　）《にて》いる。

② たがいに（　　）《ささえ》合う。

③ □《じきゅうりょく》がある。

④ ぶつぶつと□《もんく》を言う。

⑤ □《しゅうがく》旅行に行く。

⑥ スポーツマン□《せいしん》。

⑦ □《えいえん》の命を求める。

⑧ □《そせん》をうやまう。

3 次の漢字を書きなさい。

① □《しんかんせん》に乗る。

② □《きょうし》が□《しどう》する。

③ □《ぶし》の世の中。

④ □《きょうかいせん》を引く。

⑤ □《しょうひぜい》が上がる。

⑥ （　　）《やさしい》問題。

⑦ □《せいき》の大発見。

⑧ 孫に（　　）《かこまれる》。

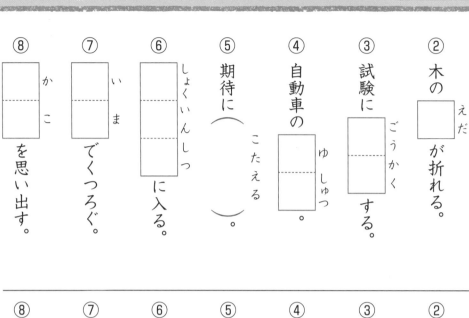

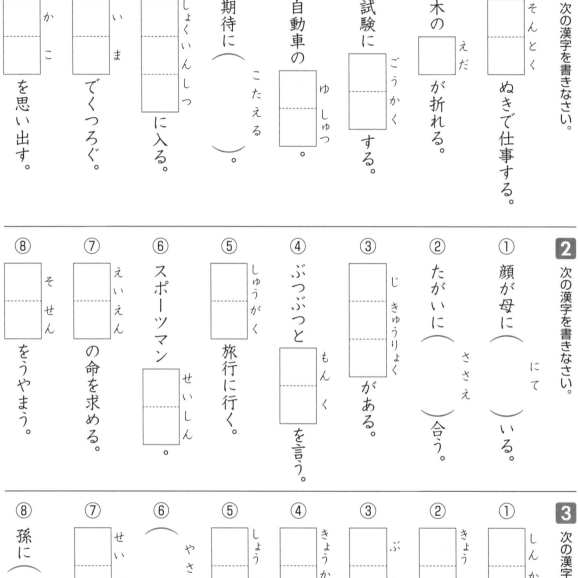

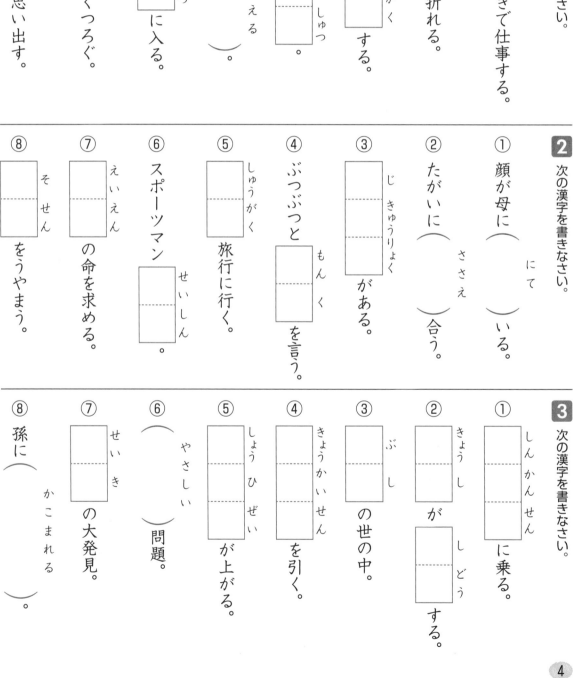

3日 4級の復習テスト(3) 読み

月　日

時間 20分 【はやい15分・おそい25分】
合格 80点 (一つ4点)
得点　点

1 ――線の漢字の読み方を書きなさい。

① 学問を修める。
② 燃料を用意する。
③ 山道に迷う。
④ よく効く薬。
⑤ 財産をふやす。
⑥ 準備がととのう。
⑦ 出入りを禁止する。
⑧ 速度を制限する。

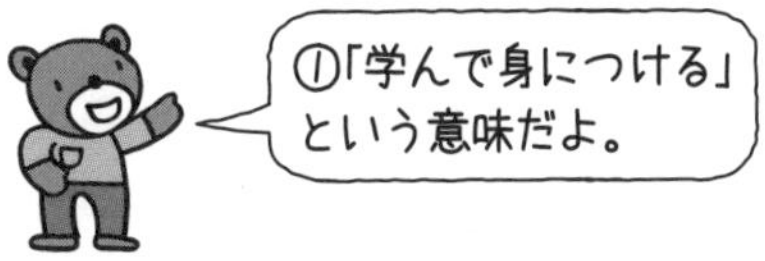

2 ――線の漢字の読み方を書きなさい。

① 停電がおこる。
② 要領よくやりなさい。
③ 気体と液体。
④ 童話を出版する。
⑤ 世界各国と貿易する。
⑥ 不規則な生活。
⑦ 予防接種。
⑧ 絶対に勝手は許されない。

3 ――線の漢字の読み方を書きなさい。

① 彼《かれ》とは面識がある。
② こまった状態だ。
③ 人口が減少する。
④ 水深を測る。
⑤ 自動車事故にあう。
⑥ 息が絶える。
⑦ 複雑な問題。
⑧ 意識をとりもどす。

4級の復習テスト(3) 書き

月　日

時間 20分 【はやい15分・おそい25分】
合格 80点 (一つ4点)
得点　点

1 次の漢字を書きなさい。

① 自分の意見を（　　）《のべる》。
② 学力の□□《すいじゅん》が高い。
③ 息を（　　）《ころす》。
④ 歯をみがく□□《しゅうかん》。
⑤ 母は明るい□□《せいかく》だ。
⑥ □□《せきにん》を負う。
⑦ □□《だりつ》のよい選手。
⑧ 係の（　　）《つとめ》を果たす。

2 次の漢字を書きなさい。

① 出来ばえを□□《ひょうか》する。
② □□《そうぞう》もできない話。
③ □□《ぼうりょく》に反対する。
④ お金が（　　）《へる》。
⑤ □□《かいひ》をはらう。
⑥ □□《りえき》の多い商売。
⑦ □□□□《だんたいこうどう》をとる。
⑧ □□《そんとく》を考える。

3 次の漢字を書きなさい。

① □□《むしゃ》ぶるいをする。
② 先生の□□《しどう》を受ける。
③ よく（　　）《こえた》にわとり。
④ がまん（　　）《くらべ》をする。
⑤ □□《えんぎ》の（　　）《かまえ》。
⑥ 外出を□《きん》じる。
⑦ 果物の□□□《ひんぴょうかい》。
⑧ □□《そうごう》的に考える。

4日　収・衆・除・善・株・絹

1　収

画数　4

音　シュウ
訓　おさめる・おさまる
部首　又（また）
意味　取り入れる。おさめる。集める。

・筆順どおりに書きなさい。（とめる／あける／はらう）

――線の漢字の読み方を書きなさい。

① 収穫《かく》する。
② 利益を収める。
③ 収入が増える。

2　衆

画数　12

音　シュウ・（シュ）
訓　―
部首　血（ち）
意味　おおい。おおぜいの人。

・筆順どおりに書きなさい。（ひだりにはらう／とめる／さゆうにつきだす）

――線の漢字の読み方を書きなさい。

① 観衆。
② 合衆国。
③ 大衆の意見を聞く。

3　除

画数　10

音　ジョ・（ジ）
訓　のぞく
部首　阝（こざとへん）
意味　取りのける。わる。わり算。

・筆順どおりに書きなさい。（つきださない／はねる／とめる）

――線の漢字の読み方を書きなさい。

① 除雪をする。
② 解除する。
③ 石を取り除く。

4　善

画数　12

音　ゼン
訓　よい
部首　口（くち）
意味　性質や行いがすぐれていること。正しい。うまい。なかよくする。

・筆順どおりに書きなさい。（ながく／つきださない）

――線の漢字の読み方を書きなさい。

① 善は急げ
② 善い行い。
③ 最善をつくして戦う。

5　株

画数　10

音　―
訓　かぶ
部首　木（きへん）
意味　木を切ったあとに残った部分。草木の本数。評判。地位。得意な事がら。

・筆順どおりに書きなさい。（つきだす／とめる）

――線の漢字の読み方を書きなさい。

① 株分けをする。
② 切り株。
③ 株式会社。

6　絹

画数　13

音　（ケン）
訓　きぬ
部首　糸（いとへん）
意味　かいこのまゆから作った糸。おりもの。きぬ。

・筆順どおりに書きなさい。（とめる／とめる／はねる）

――線の漢字の読み方を書きなさい。

① 絹織物。
② 絹糸。
③ 絹をさくような声。

月　日

書いてみよう

時間 20分 【はやい15分・おそい25分】
合格 20問
正答 /24問

1

① 米を□《しゅう》穫《かく》する。

② 父の□□《しゅうにゅう》が増える。

③ 利益を（おさめる）。

④ きっぷを□□《かいしゅう》する。

2

① □□□《がっしゅうこく》。

② 村の□《しゅう》に相談する。

③ □□《たいしゅう》に呼《よ》びかける。

④ 広場の□□《ぐんしゅう》。

3

① 道路の□□《じょせつ》。

② 雑草を（のぞく）。

③ 石を取り（のぞく）。

④ 校庭の□□《じょそう》をする。

4

① （よい）行い。

② □《ぜん》は急げ

③ □□《さいぜん》をつくす。

④ □□《ぜんりょう》な子供《こども》たち。

5

① □□《かぶしき》会社。

② きくの（かぶわけ）をする。

③ □《かぶ》が上がる。

④ （きりかぶ）にすわる。

6

① □□□《きぬおりもの》。

② □《きぬ》をさくような声。

③ まゆから□□《きぬいと》をとる。

④ □《きぬ》ごしどうふ。

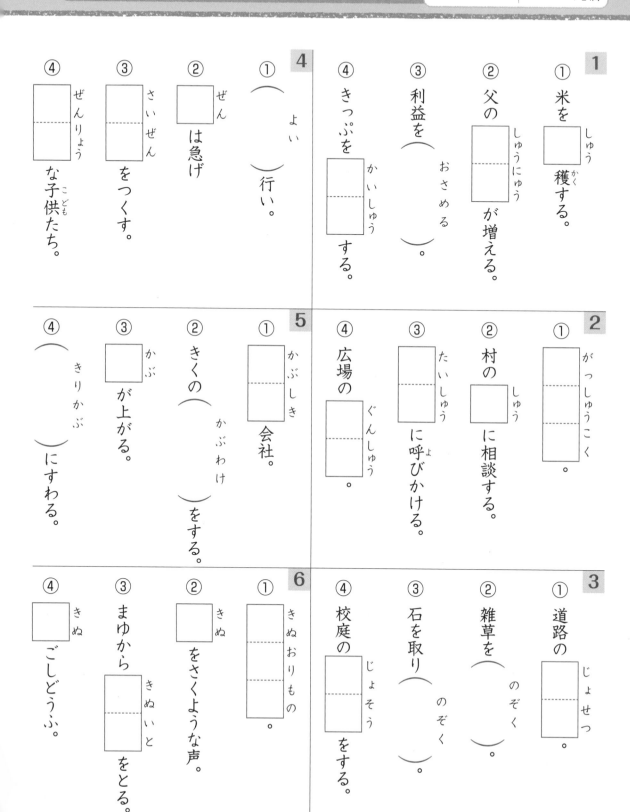

月　日

5日　蚕・姿・値・補・済・私

蚕

7

画数 10

音 サン
訓 かいこ
部首 虫（むし）
意味 農家で飼うかいこがのよう虫（くわの葉を食べる）。

・筆順どおりに書きなさい。

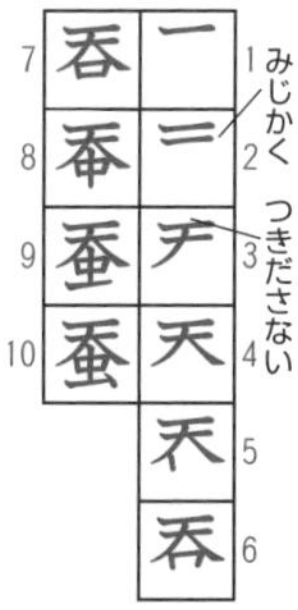

● ——線の漢字の読み方を書きなさい。

① 蚕を飼う。（　　）

② 蚕室。（　　）

③ 養蚕業。（　　）

姿

8

画数 9

音 シ
訓 すがた
部首 女（おんな）
意味 人のすがた。かたち。

・筆順どおりに書きなさい。

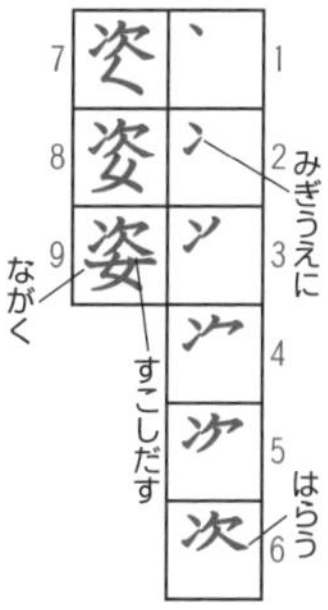

● ——線の漢字の読み方を書きなさい。

① 姿勢。（　　）

② 後ろ姿。（　　）

③ 容姿たんれい（　　）

値

9

画数 10

音 チ
訓 ね・（あたい）
部首 亻（にんべん）
意味 ねだん。ねうち。あたい。数の大きさ。

・筆順どおりに書きなさい。

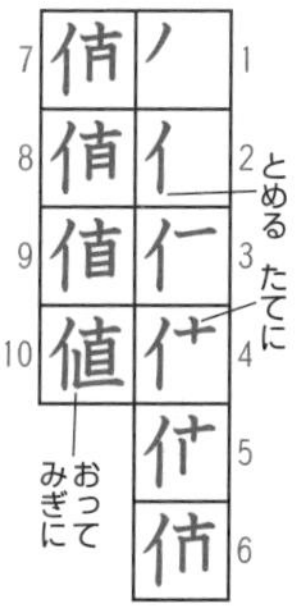

● ——線の漢字の読み方を書きなさい。

① 価値がある。（　　）

② 値段《だん》。（　　）

③ 値打ちのある品物。（　　）

補

10

画数 12

音 ホ
訓 おぎなう
部首 衤（ころもへん）
意味 おぎなう。助ける。正式な資格をもたない人。

・筆順どおりに書きなさい。

● ——線の漢字の読み方を書きなさい。

① 補助金。（　　）

② 学費を補う。（　　）

③ 放課後の補習。（　　）

済

11

画数 11

音 サイ
訓 すむ・すます
部首 氵（さんずい）
意味 すむ。すます。救う。助ける。

・筆順どおりに書きなさい。

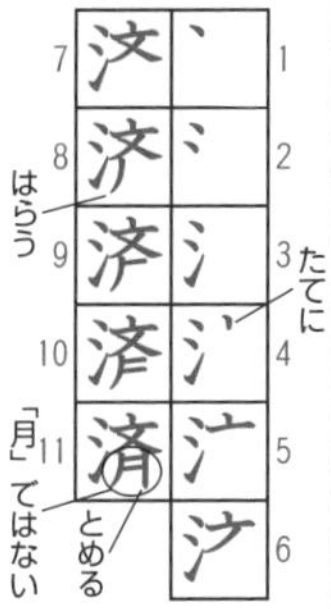

● ——線の漢字の読み方を書きなさい。

① 経済。（　　）

② 用事が済む。（　　）

③ 難民《なんみん》救済。（　　）

④ 返済。（　　）

私

12

画数 7

音 シ
訓 わたくし・わたし
部首 禾（のぎへん）
意味 わたくし。自分。自分だけのこと。こっそりと。ひそか。

・筆順どおりに書きなさい。

● ——線の漢字の読み方を書きなさい。

① 私立の学校。（　　）

② 私用。（　　）

③ 私の意見。（　　）

④ 私服。（　　）

月　日

書いてみよう

時間 20分【はやい15分・おそい25分】
合格 20問
正答　／24問

7

① □《かいこ》を飼う。

② □□□《ようさんぎょう》。

③ □□《さんしつ》の中。

④ □□《さんし》から造った布。

8

① □□《しせい》を正す。

② 先生の後ろ□《すがた》を見送る。

③ □《すがた》を現す。

④ □□《ようし》たんれい

9

① □《ね》段《だん》が高い。

② □□《かち》がある品物。

③ （　　）《ねうち》のある本。

④ 実験の□□《すうち》を読む。

10

① □□□《ほじょきん》。

② 不足分を（　　）《おぎなう》。

③ 放課後の□□《ほしゅう》授業。

④ 選挙の□□□《こうほしゃ》。

11

① 日本の□□《けいざい》。

② 用事が（　　）《すむ》。

③ 難民《なんみん》を□□《きゅうさい》する。

④ 借金を□□《へんさい》する。

12

① □□《しぶつ》の本。

② □《わたくし》の意見を言います。

③ □《わたし》のカバン。

④ □□《してつ》のストライキ。

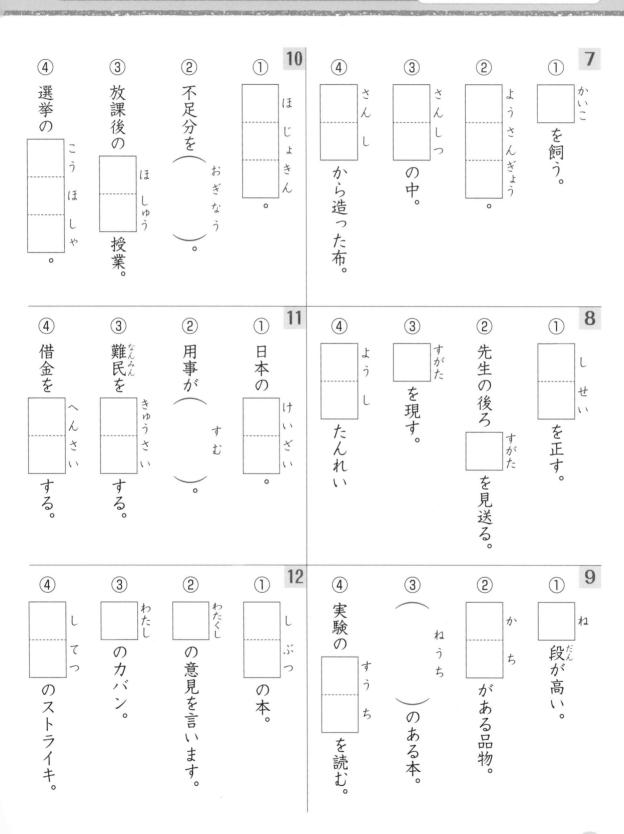

復習テスト(1) 読み

月　日

時間 20分 【はやい15分・おそい25分】　得点　点

合格 80点 (一つ4点)

1 ―線の漢字の読み方を書きなさい。

① スタジアムの観衆。( )
② 雪を取り除く。( )
③ 善は急げ ( )
④ 大木の切り株。( )
⑤ ばい菌《きん》を除去する。( )
⑥ 最善をつくす。( )
⑦ アメリカ合衆国。( )
⑧ 株式会社。( )

2 ―線の漢字の読み方を書きなさい。

① 絹織物に高い値をつける。( )( )
② 蚕にくわの葉をやる。( )
③ 補習授業を受ける。( )
④ 経済が安定する。( )
⑤ 絹糸のような雨。( )
⑥ 養蚕業がさかんだ。( )
⑦ 私立の学校を受験する。( )
⑧ 価値のある品物。( )

3 ―線の漢字の読み方を書きなさい。

① 力不足を努力で補う。( )
② 旅行も無事に済んだ。( )
③ 私の家に来てください。( )
④ 利益を収める。( )
⑤ 後ろ姿を見送る。( )
⑥ 安い値段《だん》で買う。( )
⑦ 容姿が美しい。( )
⑧ 収入を増やす。( )

復習テスト(1) 書き

月　日

時間 20分 【はやい15分・おそい25分】

合格 80点 (一つ4点)

得点　点

1 次の漢字を書きなさい。

① 一般《いっぱん》□□《たいしゅう》の意見。

② □□《じょせつ》作業にてまどる。

③ □□《ぜんあく》をわきまえる。

④ 会社の□□《かぶぬし》になる。

⑤ □□《さいぜん》の方法をとる。

⑥ 大雨注意報の□□《かいじょ》。

⑦ □□《ぐんしゅう》がさわぐ。

⑧ 切り□《かぶ》をぬく。

2 次の漢字を書きなさい。

① □□《ほしゅう》授業を受ける。

② □《かいこ》が□□《きぬいと》をはく。

③ 鏡に□《すがた》をうつす。

④ 野菜の□《ね》が上がる。

⑤ □《きぬ》のシャツを買う。

⑥ □□□《ようさんぎょう》がさかんだ。

⑦ よい□□《しせい》で座《すわ》る。

⑧ 読む□□《かち》のある本。

3 次の漢字を書きなさい。

① 不足金を（　　）《おぎなう》。

② 勉強が早く（　　）《すむ》。

③ あれが□《わたくし》の家です。

④ 利益を（　　）《おさめる》。

⑤ 生活□□《ほじょ》の制度。

⑥ □□《きょうさい》組合に加入する。

⑦ □□《しふく》の警官《けいかん》。

⑧ □□《しゅうし》を計算する。

7日　操・勤・背・閉・届・捨

13 操

画数 16

音　ソウ

訓　（みさお）・（あやつる）

部首　扌（てへん）

意味　あやつる。かたく守ってかえない志。みさお。

・筆順どおりに書きなさい。

とめる　はねる

●――線の漢字の読み方を書きなさい。

① 操作する。（　）
② 体操。（　）
③ 操業。（　）
④ 節操。（　）

14 勤

画数 12

音　キン・（ゴン）

訓　つとめる・つとまる

部首　カ（ちから）

意味　力を出して働く。仕事。

・筆順どおりに書きなさい。

つきださない　はねる　つきだす

●――線の漢字の読み方を書きなさい。

① 転勤する。（　）
② 勤める。（　）
③ 勤続年数。（　）
④ 勤勉。（　）

15 背

画数 9

音　ハイ

訓　せ・せい・（そむく）・（そむける）

部首　肉（にく）

意味　せなか。後ろ。身長。そむく。

・筆順どおりに書きなさい。

はねる　みぎうえに　うえにはねる

●――線の漢字の読み方を書きなさい。

① 背中。（　）
② 背比べ。（　）
③ 背後関係を調べる。（　）

16 閉

画数 11

音　ヘイ

訓　とじる・（とざす）・しめる・しまる

部首　門（もんがまえ）

意味　終わりにする。しめる。

・筆順どおりに書きなさい。

とめる　はねる　はねる

●――線の漢字の読み方を書きなさい。

① ドアを開閉する。（　）
② 口を閉じる。（　）
③ 店が閉まる。（　）

17 届

画数 8

音　―

訓　とどける・とどく

部首　尸（かばね・しかばね）

意味　ものが相手のところに行きつく。申し出。

・筆順どおりに書きなさい。

はらう　つきだす

●――線の漢字の読み方を書きなさい。

① 落としものを届ける。（　）
② 目が届く。（　）
③ 手紙が届く。（　）

18 捨

画数 11

音　シャ

訓　すてる

部首　扌（てへん）

意味　いらないものとして投げ出す。ほうっておく。

・筆順どおりに書きなさい。

はねる　ながく　みぎうえに

●――線の漢字の読み方を書きなさい。

① 取捨選択《せんたく》（　）
② 四捨五入（　）
③ ゴミを捨てる。（　）

書いてみよう

月　日

時間 20分
【はやい15分・おそい25分】
合格 20問
正答 /24問

13

① 機械の［　　］《そうさ》。

② 電車の［　　　］《そうしゃじょう》。

③ ラジオ［　　］《たいそう》。

④ ［　　］《じょうそう》教育。

14

① ［　　］《きんろう》感謝の日。

② 出版社に（　　）《つとめる》。

③ 地方に［　　］《てんきん》する。

④ 役所に［　　］《きんむ》する。

15

① ［　　］《せなか》を向ける。

② ［　］《せ》の高さを測る。

③ ［　　］《はいご》関係。

④ （　　）《せいくらべ》をする。

16

① ドアの［　　］《かいへい》。

② 博覧会《はくらんかい》の［　　　］《へいかいしき》。

③ 店が（　　）《しまる》。

④ 本を（　　）《とじる》。

17

① 警察《けいさつ》に（　　）《とどける》。

② 荷物が（　　）《とどく》。

③ 郵便物《ゆうびんぶつ》を（　　）《とどける》。

④ 願いが（　　）《とどく》。

18

① ［　　］《しゅしゃ》選択《せんたく》

② 不用品を（　　）《すてる》。

③ ゴミを（　　）《すてる》。

④ ［　　］《ししゃ》五入する。

8日　簡・供・洗・延・筋・論

19 簡

画数 18

音 カン
訓 ―
部首 ⺮（たけかんむり）
意味 手軽なこと。おおまかである。手紙。

・筆順どおりに書きなさい。（はねる　とめる）

簡

―線の漢字の読み方を書きなさい。

① 簡単。（　）
② 簡潔に書く。（　）
③ 簡易な方法。（　）
④ 簡素。（　）

20 供

画数 8

音 キョウ・（ク）
訓 そなえる・とも
部首 亻（にんべん）
意味 神や仏にそなえる。差し出す。複数を表す。

・筆順どおりに書きなさい。（とめる　ながく）

供

―線の漢字の読み方を書きなさい。

① 提供する。（　）
② 子供たち。（　）
③ お墓に果物を供える。（　）

21 洗

画数 9

音 セン
訓 あらう
部首 氵（さんずい）
意味 あらう。すすぐ。清める。

・筆順どおりに書きなさい。（うえにはねる）

洗

―線の漢字の読み方を書きなさい。

① 洗面所。（　）
② 顔を洗う。（　）
③ 洗濯《たく》機《き》。（　）
④ 水洗便所。（　）

22 延

画数 8

音 エン
訓 のびる・のべる・のばす
部首 廴（えんにょう）
意味 長くなる。おくれる。

・筆順どおりに書きなさい。（ひだりにはらう　つきださない　つきだしてはらう）

延

―線の漢字の読み方を書きなさい。

① 延長戦。（　）
② 生き延びる。（　）
③ 雨で延期になる。（　）

23 筋

画数 12

音 キン　訓 すじ
部首 ⺮（たけかんむり）
意味 からだの中のすじ。細長く通るもの。ものの道理。

・筆順どおりに書きなさい。（はねる　はねる　つきだす）

筋

―線の漢字の読み方を書きなさい。

① 筋肉。（　）
② 首筋が痛《いた》い。（　）
③ 童話の筋書き。（　）

24 論

画数 15

音 ロン
訓 ―
部首 言（ごんべん）
意味 すじみちを立てて述べる。意見。考え。

・筆順どおりに書きなさい。（てん　はねる　さゆうにつきださない）

論

―線の漢字の読み方を書きなさい。

① 結論。（　）
② 博士論文。（　）
③ 道徳を論じる。（　）

書いてみよう

月　　日

時間　20分【はやい15分・おそい25分】
合格　20問
正答　　／24問

19

① □□《かんたん》な問題。

② □□《かんけつ》に書く。

③ □□《かんい》な方法。

④ □□《かんりゃく》にした地図。

20

① □□《こども》たち。

② お墓に（　　）《そなえる》。

③ 物資を□□《きょうきゅう》する。

④ 情報を□□《ていきょう》する。

21

① 顔を（　　）《あらう》。

② □《せん》濯機《たくき》。

③ □□□《せんめんじょ》。

④ （　　）《てあらい》をする。

22

① □□□《えんちょうせん》。

② 雨で□□《えんき》になる。

③ 遠足が一日（　　）《のびる》。

④ （　　）《のべ》日数一万日。

23

① □□《くびすじ》が痛《いた》い。

② □□《きんにく》をきたえる。

③ 童話の（　　）《すじがき》。

④ □□《てっきん》コンクリート。

24

① □□《けつろん》を出す。

② 博士□□《ろんぶん》を書く。

③ 道徳を□《ろん》じる。

④ □□《ろんり》を組み立てる。

9日 復習テスト(2) 読み

月　日

時間 20分【はやい15分・おそい25分】
合格 80点（一つ4点）
得点　点

1 ――線の漢字の読み方を書きなさい。

① 勤労感謝の日。（　）（　）
② 背が高い人。（　）
③ ドアを開閉する。（　）（　）
④ 郵便《ゆうびん》物が届く。（　）（　）
⑤ 父は会社に勤めている。（　）
⑥ 背泳が得意だ。（　）
⑦ 口を閉じる。（　）
⑧ おみやげを届ける。（　）

2 ――線の漢字の読み方を書きなさい。

① 衣服を洗う。（　）
② 取捨選択《せんたく》する。（　）
③ 食物を提供する。（　）（　）
④ 子供向けの本。（　）
⑤ 浴室の洗面器。（　）
⑥ 仏様に花を供える。（　）
⑦ ごみを捨てる。（　）
⑧ 簡潔かつ明白に論じる。（　）（　）

3 ――線の漢字の読み方を書きなさい。

① 雨で試合が延びる。（　）
② 筋肉をきたえる。（　）
③ 閉館のアナウンス。（　）
④ パソコンの操作。（　）
⑤ 遠足が雨で延期になる。（　）
⑥ 体操の選手。（　）
⑦ 結論を急がせる。（　）
⑧ 物語の筋書き。（　）

復習テスト(2) 書き

月　日

時間 20分 【はやい15分・おそい25分】

合格 80点 (一つ4点)

得点　　点

1 次の漢字を書きなさい。

① 墓にお（　　）《そなえ》ものをする。

② 食品会社に（　　）《つとめる》。

③ ドアを□□《かいへい》する。

④ 機械を□□《そうさ》する。

⑤ 大阪に□□《てんきん》する。

⑥ 遠足が□□《えんき》になる。

⑦ 本を（　　）《とじる》。

⑧ 天井《てんじょう》に□《せ》が（　　）《とどく》。

2 次の漢字を書きなさい。

① 不用品を（　　）《すてる》。

② 作家の□□《しょかん》集。

③ お（　　）《とどけ》ものをする。

④ 衣服を（　　）《あらう》。

⑤ □□《しゅしゃ》選択《せんたく》する。

⑥ □□《かんたん》な問題からやる。

⑦ 番組を□□《ていきょう》する。

⑧ 浴室の□□□《せんめんき》。

3 次の漢字を書きなさい。

① 線路が西へ（　　）《のびる》。

② ようやく□□《けつろん》を出す。

③ 話の□《すじ》を考える。

④ □□《はいご》からしのび寄る。

⑤ 試合を□□《えんちょう》する。

⑥ 飛行機の□《そう》縦《じゅう》。

⑦ □□《ろんぶん》を審査《しんさ》する。

⑧ □□《てっきん》コンクリート。

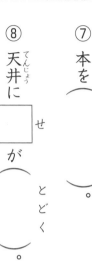

10日 まとめテスト (1) 読み

月　日

時間 20分【はやい15分・おそい25分】

合格 80点（一つ4点）

得点　点

1 ——線の漢字の読み方を書きなさい。

① 養蚕のさかんな町。
② 勝利を収める。
③ 補習授業を受ける。
④ 値が張るがよい品物だ。
⑤ 私財をたくわえる。
⑥ 宿題を済ませる。
⑦ お届けものをする。
⑧ 首筋をのばす。

2 ——線の漢字の読み方を書きなさい。

① 道路の除雪作業。
② 善き市民となる。
③ 大木の切り株。
④ 蚕にくわの葉をやる。
⑤ 絹織物を買う。
⑥ 取捨選択《せんたく》する。
⑦ 値打ちがある。
⑧ 群衆がさわぐ。

3 ——線の漢字の読み方を書きなさい。

① 勤務状態がよい。
② 食物を提供する。
③ 簡潔な文章。
④ 山を背景にする。
⑤ 閉会式。
⑥ 月末まで会期が延びる。
⑦ 洗面所で急いで姿を整える。
⑧ 本日は結論が出ない。

まとめテスト (1) 書き

月　日

時間 20分 【はやい15分・おそい25分】
合格 80点 （一つ4点）
得点　点

1 次の漢字を書きなさい。

① □《けいざい》の□《ぎろん》。
② ゴミを（　）《すてる》。
③ 読む□《かち》のある本。
④ 市役所に（　）《つとめる》。
⑤ 顔と手を（　）《あらう》。
⑥ □《しゅうにゅう》を増やす。
⑦ □《えんちょうせん》に入る。
⑧ □《かいこ》にくわをやる。

2 次の漢字を書きなさい。

① □《しせい》を正しくする。
② □《かぶしきがいしゃ》。
③ 勉強が三時に（　）《すん》だ。
④ アメリカ□《がっしゅうこく》。
⑤ クレーンの□《そうさ》。
⑥ 人数を（　）《おぎなう》。
⑦ □《きんりょく》トレーニング。
⑧ 不用品を取り（　）《のぞく》。

3 次の漢字を書きなさい。

① 成功を（　）《おさめる》。
② お（　）《そなえ》ものを配る。
③ □《きぬおりもの》。
④ □《ぜん》は急げ。
⑤ □《わたし》の家族。
⑥ □《せすじ》をのばす。
⑦ ドアが（　）《しまる》。
⑧ 先生に本を（　）《とどける》。

②同じ訓読みをする「備」とまちがえないようにしよう。

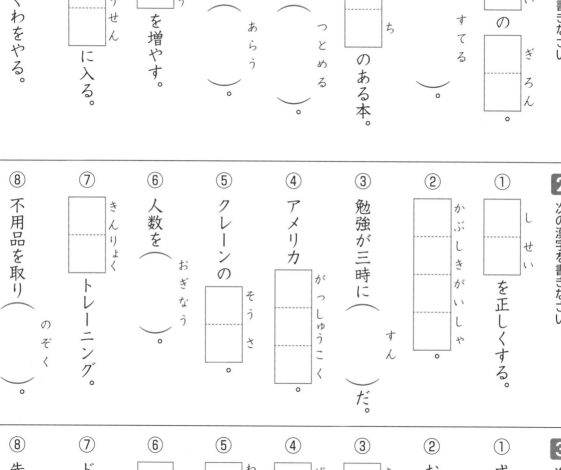

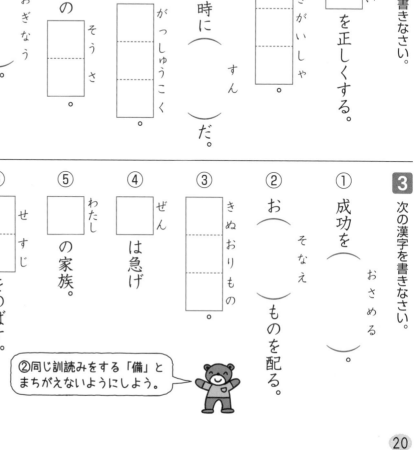

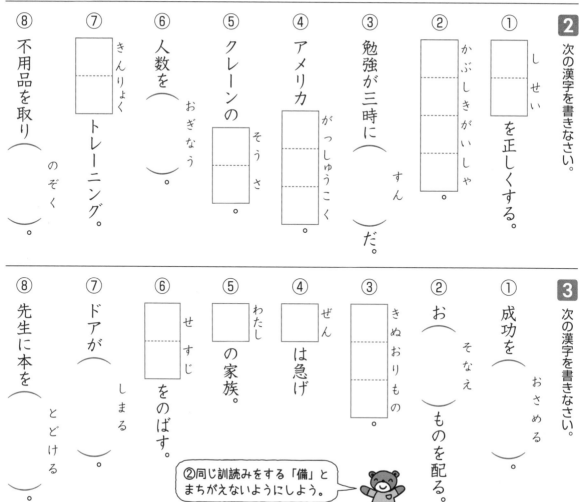

11日　権・貴・従・誠・誤・宣

権 25

音 ケン・（ゴン）
訓 ―
部首 木（きへん）
意味 ものごとを自由にできる力。勢い。
画数 15

・筆順どおりに書きなさい。

一 十 オ 木 木' 杆 杆 栌 栫 栫 梓 梓 権 権（とめる・つきださない）

―線の漢字の読み方を書きなさい。

① 権利。（　）
② 基本的人権。（　）
③ 国民に主権がある。（　）

貴 26

音 キ
訓 （たっとい）・（たっとぶ）・（とうとい）・（とうとぶ）
部首 貝（かい・こがい）
意味 身分や位が高い。大切にする。うやまう意味。
画数 12

・筆順どおりに書きなさい。

丶 口 口 中 中 冉 冉 冉 冉 貴 貴 貴（つきだす・ながく・とめる）

―線の漢字の読み方を書きなさい。

① 貴重な水。（　）
② 貴族。（　）
③ 貴金属。（　）
④ 高貴。（　）

従 27

音 ジュウ・（ショウ）・（ジュ）
訓 したがう・したがえる
部首 彳（ぎょうにんべん）
意味 したがう。仕事につく。
画数 10

・筆順どおりに書きなさい。

ノ 彡 彳 彳' 彳" 彳" 従 従 従 従（つきださない・はらう）

―線の漢字の読み方を書きなさい。

① 先生に従う。（　）
② 従事する。（　）
③ 商店の従業員が集まる。（　）

誠 28

音 セイ
訓 （まこと）
部首 言（ごんべん）
意味 まこと。本当のこと。まごころ。
画数 13

・筆順どおりに書きなさい。

丶 亠 亖 言 言 言 言 訁 訂 訢 訴 誠 誠（てん・わすれずに・うえにはねる）

―線の漢字の読み方を書きなさい。

① 誠意がない。（　）
② 誠実な人。（　）
③ 忠《ちゅう》誠をちかう。（　）

誤 29

音 ゴ
訓 あやまる
部首 言（ごんべん）
意味 まちがい。まちがう。やりそこなう。
画数 14

・筆順どおりに書きなさい。

丶 亠 亖 言 言 言 言 言 訁 訂 誤 誤 誤 誤（てん・ひとふでで・とめる）

―線の漢字の読み方を書きなさい。

① 誤解する。（　）
② 誤字。（　）
③ 方向を誤る。（　）
④ 誤差。（　）

宣 30

音 セン
訓 ―
部首 宀（うかんむり）
意味 広く知らせる。はっきり述べる。
画数 9

・筆順どおりに書きなさい。

丶 ハ 宀 宀 宁 宁 宣 宣 宣（たてに・わすれずに・ながく）

―線の漢字の読み方を書きなさい。

① 宣言する。（　）
② 選手宣誓《せい》。（　）
③ キリスト教の宣教師。（　）

書いてみよう

月　日

時間 20分【はやい15分・おそい25分】
合格 20問
正答　／24問

25

① □《けんり》を守る。

② 国民に□《しゅけん》がある。

③ 基本的□《じんけん》。

④ 政治の□《じっけん》をにぎる。

26

① □《きちょう》な水。

② □《ききんぞく》。

③ 昔の□《きぞく》の生活。

④ □《きふじん》の絵。

27

① □《じゅうぎょういん》。

② 農業に□《じゅうじ》する。

③ 先生に（　　）《したがう》。

④ □《じゅうじゅん》な態度。

28

① □《せいじつ》な人。

② □《せいしんせいい》

③ □《せいい》をつくす。

④ 忠《ちゅう》□《せい》をちかう。

29

① □《ごかい》を招く。

② 計算を（　　）《あやまる》。

③ 道を（　　）《あやまる》。

④ □《ごじ》が多い文章。

30

① 選手□《せん》誓《せい》。

② 独立を□《せんげん》する。

③ □《せんきょうし》。

④ 新製品の□《せんでん》。

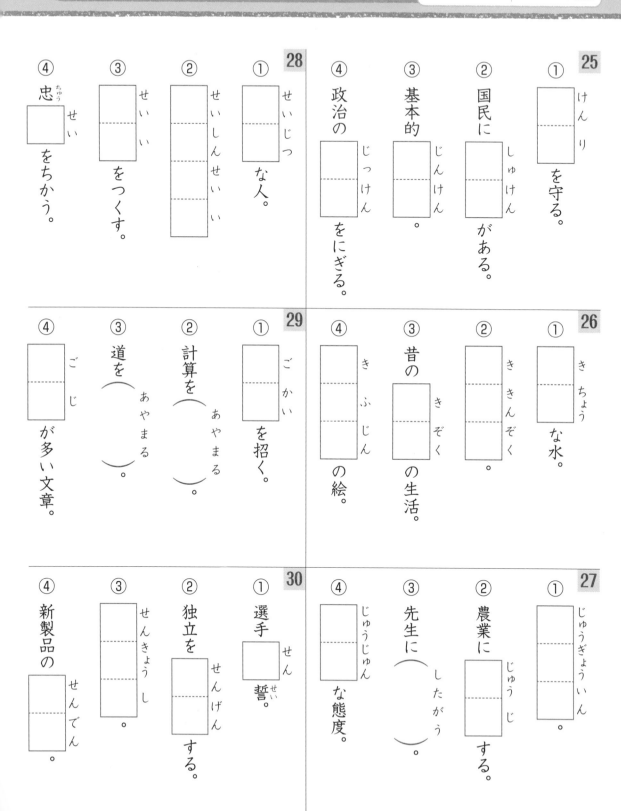

郵便はがき

5 5 0-0 0 1 3

お手数ですが
切手をおはり
ください。

大阪市西区新町3-3-6
受験研究社
愛読者係 行

●ご住所 □□□-□□□□

TEL(

●お名前

※任意
(男・女

●在学校 □保育園・幼稚園 □中学校 □専門学校・大学 □小学校 □高等学校 □その他(　　　　)

学年
(歳

●お買い上げ書店名(所在地)

書店(

市 区
町 村

★すてきな賞品をプレゼント！

お送りいただきました愛読者カードは、毎年12月末にしめきり，抽選のうえ100名様にすてきな賞品をお贈りいたします。

★LINEでダブルチャンス！

公式LINEを友達追加頂きアンケートにご回答頂くと，上記プレゼントに加え，夏と冬の特別抽選会で記念品をプレゼントいたします！

※当選者の発表は賞品の発送をもってかえさせていただきます。 https://lin.ee/cWvAh

株式会社 増進堂
受験研究社
愛読者カード

本書をお買い上げいただきましてありがとうございます。あなたのご意見・ご希望を参考に，今後もより良い本を出版していきたいと思います。ご協力をお願いします。

1. この本の書名（本のなまえ）　　お買い上げ

年　月

2. どうしてこの本をお買いになりましたか。
□書店で見て　□先生のすすめ　□友人・先輩のすすめ　□家族のすすめで
□塾のすすめ　□WEB・SNSを見て　□その他(　)

3. 当社の本ははじめてですか。
□はじめて　□2冊目　□3冊目以上

4. この本の良い点，改めてほしい点など，ご意見・ご希望をお書きください。

5. 今後どのような参考書・問題集の発行をご希望されますか。あなたのアイデアをお書きください。

6. 塾や予備校，通信教育を利用されていますか。
塾・予備校名 [　]
通信教育名 [　]

画の参考，新刊等のご案内に利用させていただきます。　2024.2

12日 割・憲・展・覧・批・誌

31 割

画数 12

音 （カツ）

訓 わる・われる・わり・（さく）

部首 刂（りっとう）

意味 さく。分ける。わる。わりあい。

・筆順どおりに書きなさい。

（筆順：たてに／つきだす／とめる／はねる）

――線の漢字の読み方を書きなさい。

① 児童会の役割を考える。（　　）

② 割り算。（　　）

③ 皿が割れる。（　　）

32 憲

画数 16

音 ケン

訓 ―

部首 心（こころ）

意味 いちばんおおもとの決まり。

・筆順どおりに書きなさい。

（筆順：たてに／つきだす／はねる）

――線の漢字の読み方を書きなさい。

① 憲法。（　　）

② 立憲政治。（　　）

③ 児童憲章。（　　）

33 展

画数 10

音 テン

訓 ―

部首 尸（かばね・しかばね）

意味 広げならべる。のびのび広がる。

・筆順どおりに書きなさい。

（筆順：はねる／はらう）

――線の漢字の読み方を書きなさい。

① 展望台。（　　）

② 町の発展。（　　）

③ 着物の展示会。（　　）

34 覧

画数 17

音 ラン

訓 ―

部首 見（みる）

意味 みる。よくみる。みわたす。

・筆順どおりに書きなさい。

（筆順：うえにはねる／「貝」ではない）

――線の漢字の読み方を書きなさい。

① 展覧会。（　　）

② 回覧する。（　　）

③ 一覧。（　　）

④ 観覧車。（　　）

35 批

画数 7

音 ヒ

訓 ―

部首 扌（てへん）

意味 よい悪いについて考えをいう。

・筆順どおりに書きなさい。

（筆順：みぎうえに／まげて、うえにはらう／ひだりにはらう）

――線の漢字の読み方を書きなさい。

① 批判する。（　　）

② 批評する。（　　）

③ 条約を批准《じゅん》する。（　　）

36 誌

画数 14

音 シ

訓 ―

部首 言（ごんべん）

意味 書きしるしたもの。雑誌の略。

・筆順どおりに書きなさい。

（筆順：みじかく）

――線の漢字の読み方を書きなさい。

① 雑誌。（　　）

② 週刊誌。（　　）

③ 学級日誌。（　　）

④ 誌面。（　　）

書いてみよう

時間 20分
【はやい15分・おそい25分】
合格 20問
正答 ／24問

31

① 重要な□□《やくわり》。

② （　　）《わりざん》の式。

③ 皿を（　　）《わる》。

④ 意見が二つに（　　）《われる》。

32

① 日本国□□《けんぽう》。

② □□《りっけん》政治。

③ 児童□□《けんしょう》。

④ 国際連合□□《けんしょう》。

33

① □□□《てんかいず》。

② □□□《てんぼうだい》。

③ 作品を□□《てんじ》する。

④ 町が□□《はってん》する。

34

① □□□《いちらんひょう》。

② □□□《てんらんかい》。

③ □□□《ゆうらんせん》に乗る。

④ □□□《かいらんばん》を回す。

35

① □□□《ひはんてき》な考え。

② □□《ひはん》を受ける。

③ 作品を□□《ひひょう》する。

④ 条約を□《ひ》准《じゅん》する。

36

① □□《ざっし》を読む。

② □□□《しゅうかんし》。

③ 学級□□《にっし》を書く。

④ 五月号の□□《しじょう》の特集。

13日 復習テスト(3) 読み

月　日

時間 20分【はやい15分・おそい25分】
合格 80点（一つ4点）
得点　点

1 ――線の漢字の読み方を書きなさい。

① 商店の従業員。（　）（　）
② 誤解を受けやすい。（　）（　）
③ 水は貴重だ。（　）（　）
④ 誠実な人柄《ひとがら》。（　）（　）
⑤ 先生の指示に従う。（　）（　）
⑥ 貴金属を買う。（　）（　）
⑦ 誠意をこめて言う。（　）（　）
⑧ ふぶきで方向を誤る。（　）（　）

2 ――線の漢字の読み方を書きなさい。

① 宣教師の話を聞く。（　）（　）
② 割り算とかけ算。（　）
③ 日本の平和憲法。（　）（　）
④ 自動車の展示会。（　）（　）
⑤ 児童憲章。（　）（　）
⑥ 五割引きとは安い。（　）（　）
⑦ 人権を守る宣言。（　）（　）
⑧ 展望台に登る。（　）（　）

3 ――線の漢字の読み方を書きなさい。

① 成績の一覧表。（　）（　）
② 作品の批評をする。（　）（　）
③ 雑誌を読む。（　）（　）
④ 権力をふるう。（　）（　）
⑤ 絵の展覧会を開く。（　）（　）
⑥ 批難《なん》を浴びせられる。（　）
⑦ 学級日誌を書く。（　）（　）
⑧ 自分の権利を守る。（　）（　）

復習テスト (3) 書き

月　日

時間 20分【はやい15分・おそい25分】
合格 80点（一つ4点）
得点　点

1 次の漢字を書きなさい。

① □□□《きちょうひん》を預《あず》ける。

② □□□《じゅうぎょういん》をやとう。

③ 忠《ちゅう》□《せい》をちかう。

④ □□《ごかい》を招く行動。

⑤ 中世の□□《きぞく》社会。

⑥ 先生の引率に（　　）《したがう》。

⑦ □□《せいい》のある行動。

⑧ 条約を□《ひ》准《じゅん》する。

2 次の漢字を書きなさい。

① 選手代表の□《せん》誓《せい》。

② □□《やくわり》を考える。

③ （　　）《あやまり》を正す。

④ □□□《しゅうかんし》。

⑤ 商品の□□《せんでん》をする。

⑥ 役目を（　　）《わり》当てる。

⑦ 児童□□《けんしょう》を守る。

⑧ 立体の□□《てんかい》図。

①・⑤「せん」は四画目の横ぼうをわすれないように書こう。

3 次の漢字を書きなさい。

① □□□《かんらんせき》を設ける。

② 文芸の□□《ひひょう》をする。

③ 経済が□□《はってん》する。

④ □□《けんり》を主張する。

⑤ 美術□□□《てんらんかい》。

⑥ 手きびしい□□《ひはん》をする。

⑦ 学級□□《にっし》を書く。

⑧ 国民□□《しゅけん》の□□《けんぽう》。

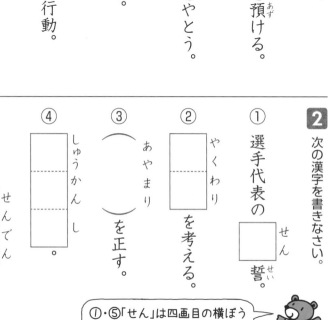

14日 探・卵・危・窓・詞・異

37 探

画数 11

音 タン
訓 さがす・（さぐる）
部首 扌（てへん）
意味 さがし求める。

・筆順どおりに書きなさい。

はねる　まげてとめる　とめる

——線の漢字の読み方を書きなさい。

① 店を探す。（　　）
② 幸福の探求。（　　）
③ 南極を探検する。（　　）

38 卵

画数 7

音 （ラン）
訓 たまご
部首 卩（わりふ・ふしづくり）
意味 虫や魚・鳥などのたまご。

・筆順どおりに書きなさい。

とめる　はらう　はねる

——線の漢字の読み方を書きなさい。

① 卵焼き。（　　）
② 鳥の卵。（　　）
③ 生卵を食べる。（　　）

39 危

画数 6

音 キ
訓 あぶない・（あやうい）・（あやぶむ）
部首 㔾（わりふ・ふしづくり）
意味 あぶない。

・筆順どおりに書きなさい。

とめる　うえにはねる　はねる

——線の漢字の読み方を書きなさい。

① 危険な道。（　　）
② 危ない。（　　）
③ 危機をのがれる。（　　）

40 窓

画数 11

音 ソウ
訓 まど
部首 穴（あなかんむり）
意味 まど。まどのある部屋。まなびや。

・筆順どおりに書きなさい。

たてに　はねる　まげてとめる

——線の漢字の読み方を書きなさい。

① 同窓会。（　　）
② 車窓。（　　）
③ 教室の窓を開ける。（　　）

41 詞

画数 12

音 シ
訓 —
部首 言（ごんべん）
意味 言葉。文章。

・筆順どおりに書きなさい。

てん　はねる

——線の漢字の読み方を書きなさい。

① 動詞。（　　）
② 名詞。（　　）
③ 校歌の歌詞を覚える。（　　）

42 異

画数 11

音 イ
訓 こと
部首 田（た）
意味 ちがっている。すぐれている。外国の。変な。

・筆順どおりに書きなさい。

つきだす　ながく　とめる

——線の漢字の読み方を書きなさい。

① 異なる意見。（　　）
② 異国。（　　）
③ 異常な状態だ。（　　）

月　日

書いてみよう

時間 20分【はやい15分・おそい25分】
合格 20問
正答　／24問

37

① 記事を（　）《さがす》。
② 南極を□□《たんけん》する。
③ 店を（　）《さがす》。
④ 真理を□□《たんきゅう》する。

38

① カエルの□《たまご》。
② コロンブスの□《たまご》の話。
③ □□《なまたまご》を食べる。
④ 学者の□《たまご》。

39

① □□《きけん》な場所。
② がけの下は（　）《あぶない》。
③ □□《きき》をのがれる。
④ □□《きがい》を加える。

40

① □□□《どうそうかい》。
② □《まど》ふきをする。
③ □《まど》を開ける。
④ □□《しゃそう》からのながめ。

41

① 単語の□□《ひんし》。
② □□□《けいようし》。
③ 新曲の□□《かし》を覚える。
④ 歌の□□《さくし》をする。

42

① 意見が（　）《ことなる》。
② □□《いぎ》を唱える。
③ □□《いこく》の地。
④ □□《いじょう》な暑さ。

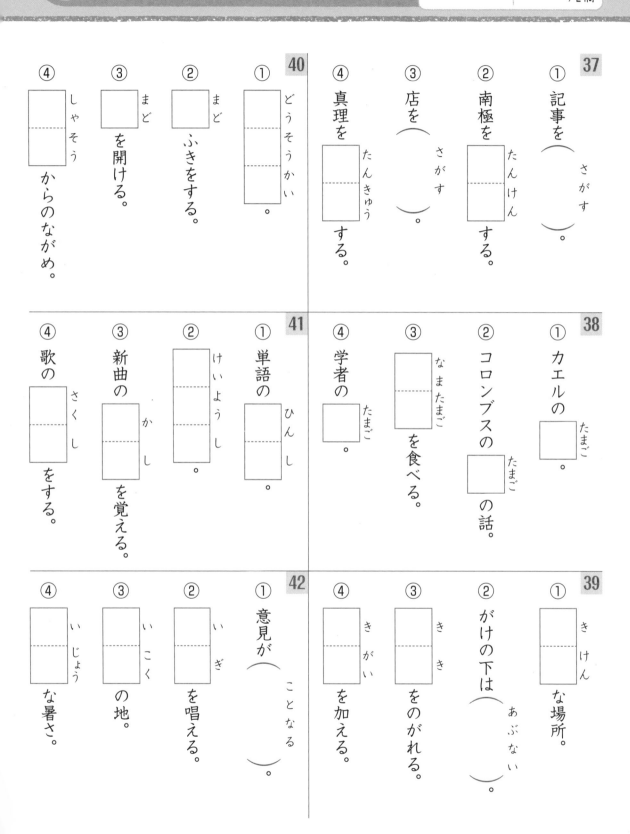

15日 暖・磁・宇・宙・創・模

43 暖

音 ダン　訓 あたたか・あたたかい・あたたまる・あたためる

画数 13

部首 日（ひへん）

意味 あたたかい。あたためる。

・筆順どおりに書きなさい。

暖

●――線の漢字の読み方を書きなさい。

①暖かい南の国。（　）

②温暖な島。（　）

③暖冬。（　）

44 磁

音 ジ　訓 ―

画数 14

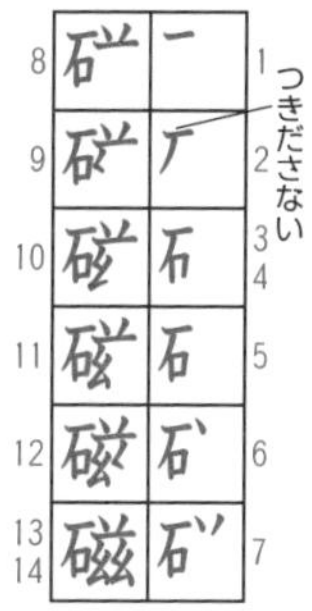

部首 石（いしへん）

意味 じしゃく。鉄をすいつける力がある鉱物。焼き物。

・筆順どおりに書きなさい。

磁

●――線の漢字の読み方を書きなさい。

①磁石。（　）

②方位磁針《しん》。（　）

③磁力が弱まる。（　）

④磁器。（　）

45 宇

音 ウ　訓 ―

画数 6

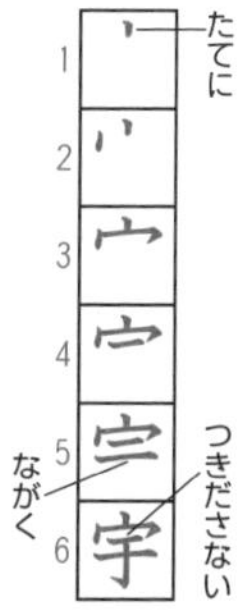

部首 宀（うかんむり）

意味 のき。屋根の四方の果て。天地の果て。空。心の大きさ。

・筆順どおりに書きなさい。

宇

●――線の漢字の読み方を書きなさい。

①宇宙船《ちゅうせん》。（　）

②宇宙人。（　）

③宇宙の旅。（　）

④気宇壮大《そうだい》（　）

46 宙

音 チュウ　訓 ―

画数 8

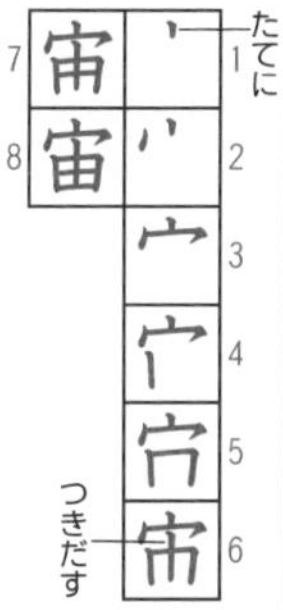

部首 宀（うかんむり）

意味 大空。空中。

・筆順どおりに書きなさい。

宙

●――線の漢字の読み方を書きなさい。

①宇宙。（　）

②宙にうく。（　）

③宙返り。（　）

47 創

音 ソウ　訓 つくる

画数 12

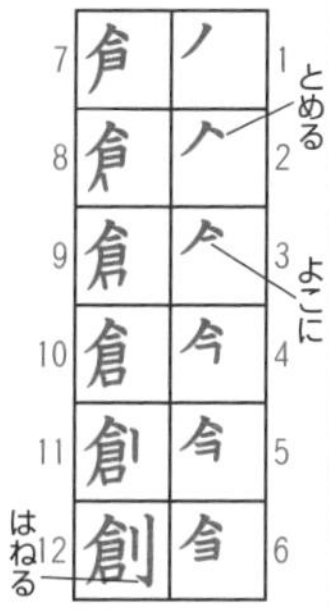

部首 刂（りっとう）

意味 はじめる。はじめて作る。きずつける。

・筆順どおりに書きなさい。

創

●――線の漢字の読み方を書きなさい。

①創作する。（　）

②文化を創る。（　）

③独創的な作品。（　）

48 模

音 モ・ボ　訓 ―

画数 14

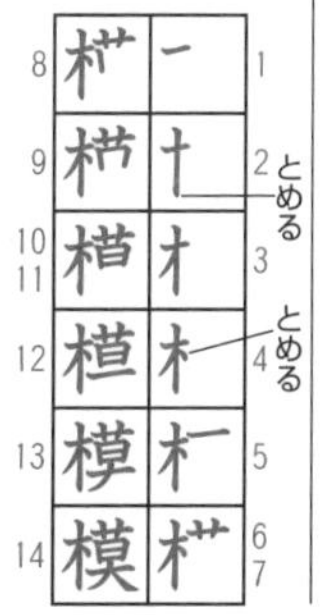

部首 木（きへん）

意味 手本。かたどる。かざり。さがし求める。

・筆順どおりに書きなさい。

模

●――線の漢字の読み方を書きなさい。

①模型飛行機。（　）

②水玉模様。（　）

③規模が大きい。（　）

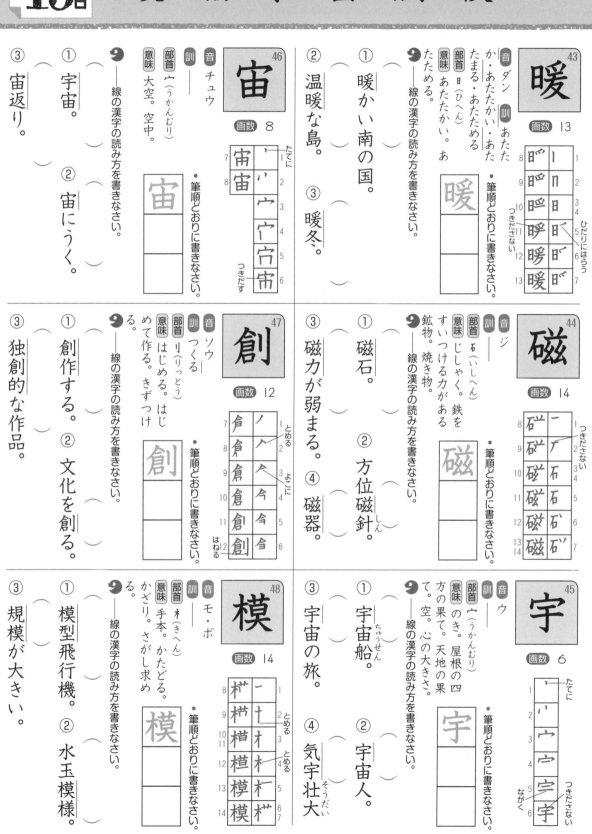

書いてみよう

月　日

時間 20分【はやい15分・おそい25分】

合格 20問

正答　／24問

43

① （　　）《あたたかい》国。

② □□《おんだん》な気候。

③ 部屋が（　　）《あたたまる》。

④ □□《だんりゅう》を泳ぐ魚。

44

① □□《じしゃく》の実験。

② □□《じりょく》が弱まる。

③ □《じ》針《しん》が北を指す。

④ □□《じき》のお皿。

45

① □《う》宙《ちゅう》旅行。

② □《う》宙船。

③ □《う》宙飛行士。

④ □《う》宙ステーション。

46

① □□□《うちゅうじん》。

② □□《うちゅう》の果て。

③ （　　）《ちゅうがえり》をする。

④ □《ちゅう》にうく。

47

① 物語の□□《そうさく》。

② □□□《どくそうてき》な作品。

③ 未来を（　　）《つくる》。

④ 雑誌を□□《そうかん》する。

48

① □□《もけい》飛行機。

② □□《きぼ》が大きい。

③ 壁画《へきが》を□□《もしゃ》する。

④ 水玉の□□《もよう》。

16日 復習テスト(4) 読み

月　日

時間 20分【はやい15分・おそい25分】
合格 80点（一つ4点）
得点　点

1 ——線の漢字の読み方を書きなさい。

① 合唱曲の歌詞を覚える。
② 教室の窓をあける。
③ 卵焼きを食べる。
④ 危険な道をさける。
⑤ 同窓会に参加する。
⑥ 危ない目にあう。
⑦ 新しい物語を創る。
⑧ 品詞を区別する。

2 ——線の漢字の読み方を書きなさい。

① 暖かい日が続く。
② 異なる言語の国。
③ 磁石で方向を知る。
④ 会社を創業する。
⑤ 磁気をおびた金属。
⑥ 温暖な気候。
⑦ 異常な出来事だ。
⑧ 宇宙を広く探検する。

3 ——線の漢字の読み方を書きなさい。

① 創立百周年。
② 車窓に見える景色。
③ 有名な絵を模写する。
④ 友達の家を探す。
⑤ 宙返りをする飛行機。
⑥ 海底に異変が起こる。
⑦ 模型の機関車。
⑧ 物語を創作する。

復習テスト(4) 書き

月　日

時間 20分【はやい15分・おそい25分】　合格 80点（一つ4点）　得点　点

1 次の漢字を書きなさい。

① □《どうそうかい》。

② □《じしゃく》のN極。

③ □《だんりゅう》。

④ （　）《あぶない》目にあう。

⑤ □《どうし》は述語になる。

⑥ □《なまたまご》をかける。

⑦ □《きけん》な□《たんけん》。

⑧ 合唱曲の□《かし》。

2 次の漢字を書きなさい。

① （　）《あたたかい》部屋。

② （　）《ことなる》意見を持つ。

③ 心の□《まど》を開く。

④ □《うちゅう》旅行の夢。

⑤ □《じき》をおびた金属。

⑥ コロンブスの□《たまご》

⑦ 意見に□《い》を唱える。

⑧ 月面を□《たんさ》する。

3 次の漢字を書きなさい。

① □《そうりつ》百年の記念日。

② 名画を□《もしゃ》する。

③ まちがい（　）《さがし》。

④ 体が□《ちゅう》に舞《ま》う。

⑤ □《どくそう》的な作品。

⑥ 曲に□《し》を付ける。

⑦ 大□《きぼ》な工事。

⑧ □《おんだん》な気候。

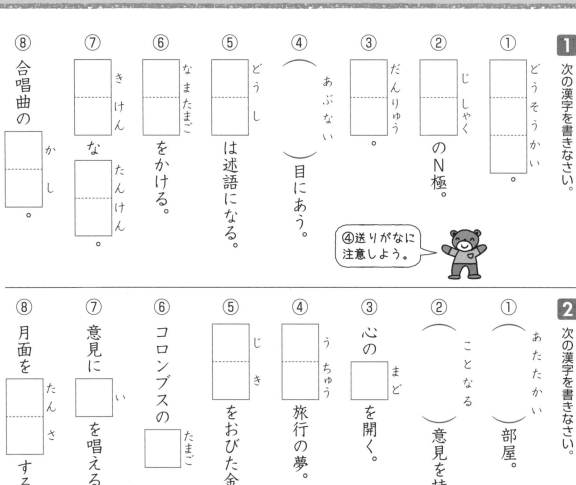

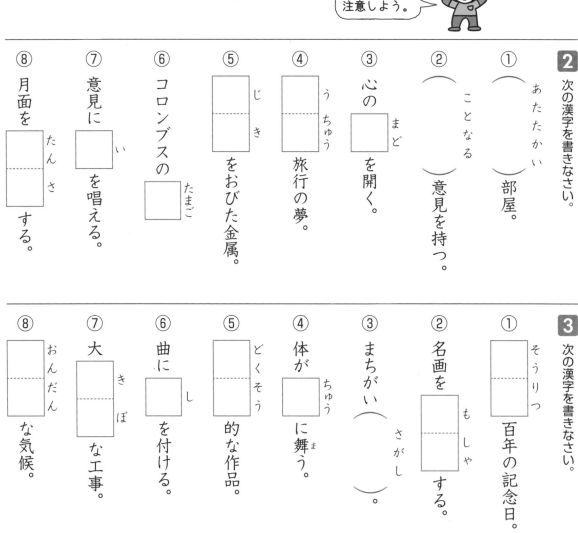

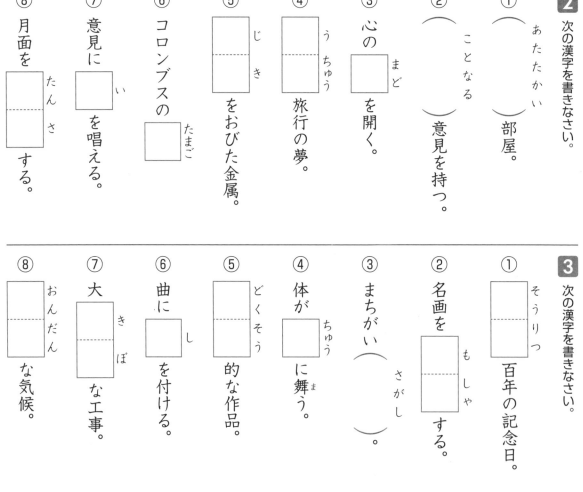

17日 遺・訪・就・俳・忘・幼

遺 49

音 イ・(ユイ)
訓 —
部首 辶(しんにょう・しんにゅう)
意味 わすれる。残す。残る。ぬけ落ちたもの。

画数 15

・筆順どおりに書きなさい。

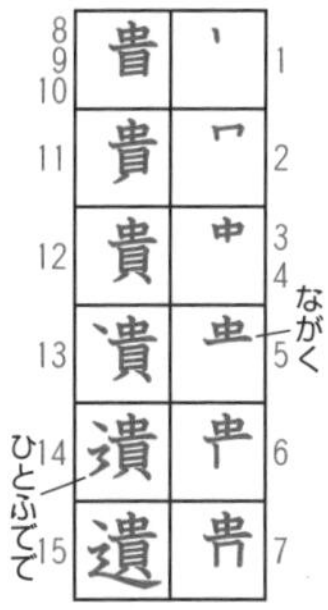

━線の漢字の読み方を書きなさい。

① 遺族。（　　）
② 遺失物。（　　）
③ 遺伝の法則。（　　）
④ 遺産相続。（　　）

訪 50

音 ホウ
訓 (おとずれる)・たずねる
部首 言(ごんべん)
意味 たずねる。おとずれる。さがし歩く。

画数 11

・筆順どおりに書きなさい。

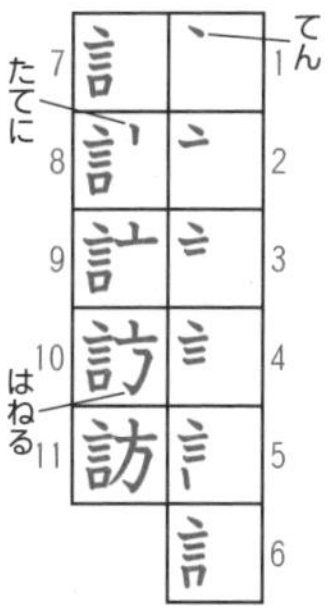

━線の漢字の読み方を書きなさい。

① 家庭訪問。（　　）
② 歴訪の旅。（　　）
③ 先生の家を訪ねる。（　　）

就 51

音 シュウ・(ジュ)
訓 (つく)・(つける)
部首 尢(だいのまげあし)
意味 (学問・仕事などに)つく。なす。

画数 12

・筆順どおりに書きなさい。

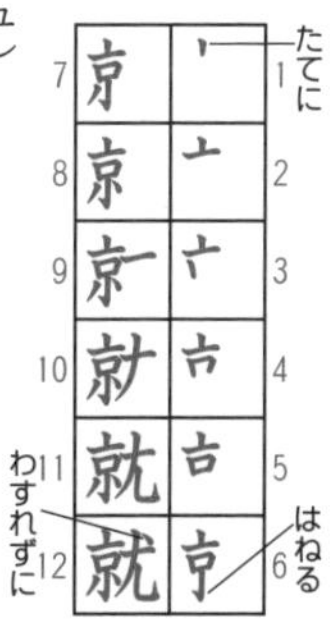

━線の漢字の読み方を書きなさい。

① 就職する。（　　）
② 就業時間。（　　）
③ 新造船が就航する。（　　）

俳 52

音 ハイ
訓 —
部首 亻(にんべん)
意味 芸をする人。俳句の略。

画数 10

・筆順どおりに書きなさい。

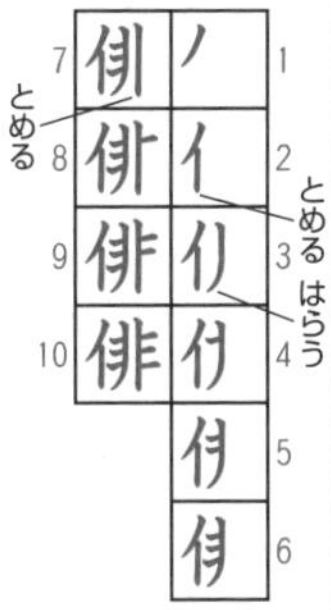

━線の漢字の読み方を書きなさい。

① 俳句。（　　）
② 俳優《ゆう》。（　　）
③ 江戸《えど》時代の俳人。（　　）

忘 53

音 (ボウ)
訓 わすれる
部首 心(こころ)
意味 わすれる。覚えていない。

画数 7

・筆順どおりに書きなさい。

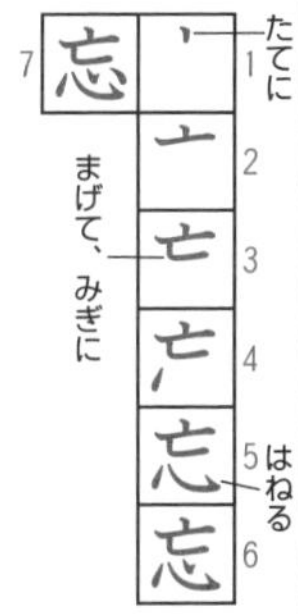

━線の漢字の読み方を書きなさい。

① 忘れもの。（　　）
② 度忘れする。（　　）
③ かぎをかけ忘れる。（　　）

幼 54

音 ヨウ
訓 おさない
部首 幺(よう・いとがしら)
意味 年が少ない。わかい。おさない。

画数 5

・筆順どおりに書きなさい。

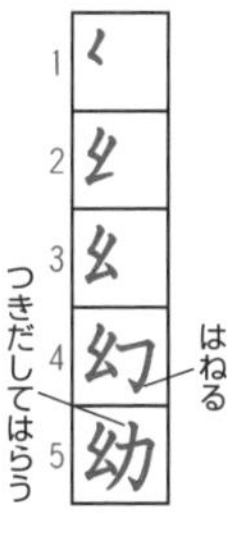

━線の漢字の読み方を書きなさい。

① 幼虫。（　　）
② 幼稚《ち》園《えん》。（　　）
③ 幼い弟。（　　）
④ 幼児。（　　）

書いてみよう

時間 20分 【はやい15分・おそい25分】
合格 20問
正答 ／24問

49

① 古代の□《い》跡《せき》。

② □□《いしょ》を残す。

③ □□《いでん》の法則。

④ □□《いさん》を相続する。

50

① 家庭□□《ほうもん》。

② 名所を（　）《たずねる》。

③ 南米□□《れきほう》の旅。

④ 外国の大臣の□□《ほうにち》。

51

① 会社に□□《しゅうしょく》する。

② □□《しゅうにん》のあいさつ。

③ 新造船が□□《しゅうこう》する。

④ □□《しゅうぎょう》時間。

52

① □□《はいく》を作る。

② 江戸《えど》時代の□□《はいじん》。

③ □□《はいみ》のある文章。

④ 映画《えいが》□《はい》優《ゆう》。

53

① （　）《わすれ》ものをする。

② かぎをかけ（　）《わすれる》。

③ （　）《どわすれ》をする。

④ 宿題を（　）《わすれる》。

54

① はちの□□《ようちゅう》。

② □《よう》稚園《ちえん》。

③ （　）《おさない》妹。

④ かわいい□□《ようじ》。

18日　宗・幕・吸・訳・諸・映

宗　55

音　シュウ・(ソウ)

訓　—

部首　宀(うかんむり)

意味　おおもと。かしら。神や仏の教え。

画数　8

・筆順どおりに書きなさい。

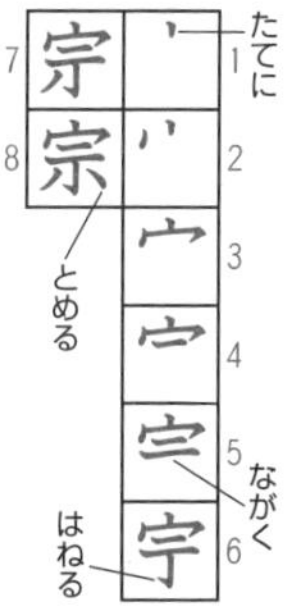

—線の漢字の読み方を書きなさい。

① 宗教。(　　)

② 仏教の宗派《は》。(　　)

③ 改宗する。(　　)

幕　56

音　マク・バク

訓　—

部首　巾(はば)

意味　はばの広い長い布。しばいの一区切り。将軍が政治をとる所。

画数　13

・筆順どおりに書きなさい。

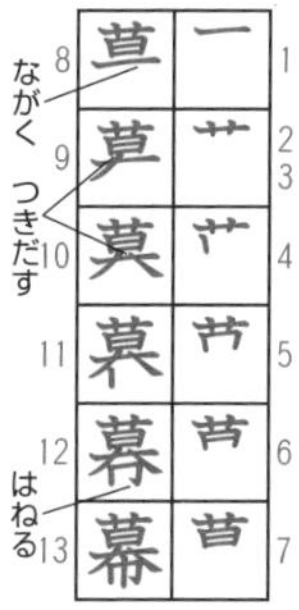

—線の漢字の読み方を書きなさい。

① 江戸《えど》幕府。(　　)

② 紅白《こうはく》の幕。(　　)

③ 芝居《しばい》の幕切れ。(　　)

吸　57

音　キュウ

訓　すう

部首　口(くちへん)

意味　すう。すいこむ。

画数　6

・筆順どおりに書きなさい。

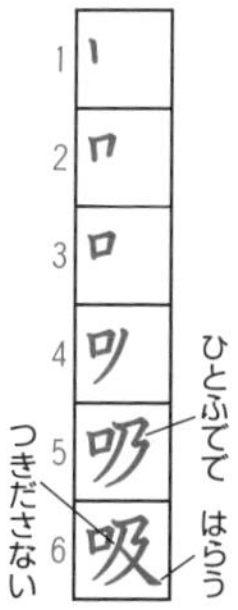

—線の漢字の読み方を書きなさい。

① 吸収する。(　　)

② 空気を吸う。(　　)

③ 酸素を吸入する。(　　)

訳　58

音　ヤク

訓　わけ

部首　言(ごんべん)

意味　別の言葉になおす。ものごとの理由。原因。

画数　11

・筆順どおりに書きなさい。

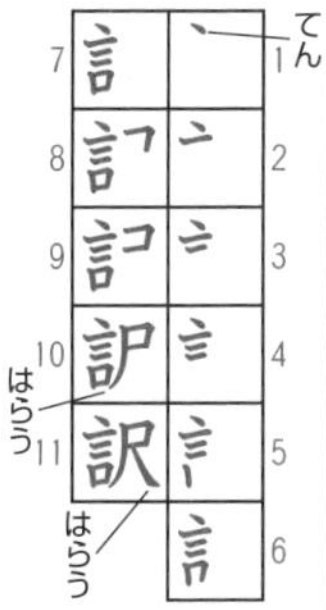

—線の漢字の読み方を書きなさい。

① 通訳。(　　)

② 言い訳。(　　)

③ 和文英訳の辞典。(　　)

諸　59

音　ショ

訓　—

部首　言(ごんべん)

意味　もろもろ。多くの。いろいろの。

画数　15

・筆順どおりに書きなさい。

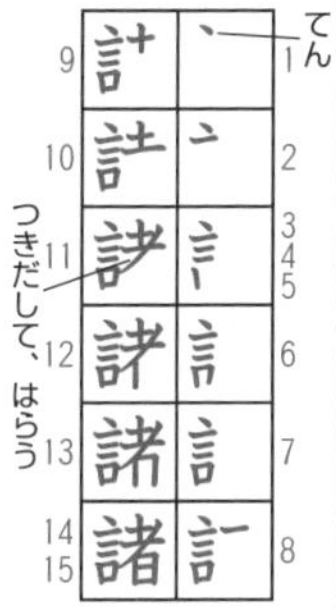

—線の漢字の読み方を書きなさい。

① 諸国。(　　)

② 伊豆《いず》諸島。(　　)

③ 六年生の諸君。(　　)

映　60

音　エイ

訓　うつる・うつす・(はえる)

部首　日(ひへん)

意味　もののすがたがうつる。うつす。

画数　9

・筆順どおりに書きなさい。

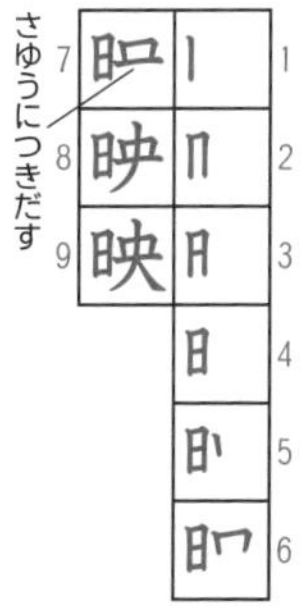

—線の漢字の読み方を書きなさい。

① 意見を反映する。(　　)

② 目に映る。(　　)

③ 映画館。(　　)

月　日

書いてみよう

時間 20分【はやい15分・おそい25分】
合格 20問
正答 　/24問

55

① □□《しゅうきょう》を信じる。

② 仏教の□《しゅう》派《は》。

③ □□□《しゅうきょうしん》をもつ。

④ キリスト教への□□《かいしゅう》。

56

① 江戸《えど》□□《ばくふ》。

② 紅白《こうはく》の□《まく》を張る。

③ 芝居《しばい》の（　　）《まくぎれ》。

④ □□《ばくまつ》の出来事。

57

① 深呼《しんこ》□《きゅう》をする。

② 空気を（　　）《すう》。

③ 酸素□□《きゅうにゅう》。

④ 養分を□□《きゅうしゅう》する。

58

① □□《つうやく》をする。

② （　　）《いいわけ》をする。

③ 和文を□□《えいやく》する。

④ 日本語に□《やく》す。

59

① 伊豆《いず》□□《しょとう》。

② □□□《しょもんだい》の解決。

③ 六年生の□□《しょくん》。

④ アジア□□《しょこく》。

60

① □□□《えいしゃき》。

② □□□《えいがかん》。

③ 山が湖面に（　　）《うつる》。

④ 考えを□□《はんえい》する。

19日 復習テスト(5) 読み

月　日

時間 20分 【はやい15分・おそい25分】
合格 80点 (一つ4点)
得点　点

1 ――線の漢字の読み方を書きなさい。

① 妹はまだ幼い。
② 人の名前を忘れる。
③ 中国を訪問する。
④ 会社に就職する。
⑤ 俳句を作る。
⑥ 宗教家の説教。
⑦ 幼児を預《あず》かる。
⑧ 知人が来訪する。

2 ――線の漢字の読み方を書きなさい。

① 論文を英訳する。
② 遺品を届ける。
③ 映画館に行く。
④ 諸外国を初めて訪ねる。
⑤ 新造船が就航する。
⑥ 大臣が訪米する。
⑦ 明治時代の俳人。
⑧ 社長に就任した。

3 ――線の漢字の読み方を書きなさい。

① 紅白《こうはく》の幕を張る。
② 呼《こ》吸が乱《みだ》れる。
③ 言い訳をする。
④ 遺産を相続する。
⑤ 景色が目に映る。
⑥ 生徒諸君。
⑦ 江戸《えど》幕府。
⑧ 知識を吸収する。

復習テスト(5) 書き

月　日

時間 20分 [はやい15分・おそい25分]
合格 80点 (一つ4点)
得点　点

1 次の漢字を書きなさい。

① □□《まくうち》の力士。

② □□□《えいがかん》。

③ 舞台《ぶたい》の□《まく》が上がる。

④ 指を（　）《すう》くせがある。

⑤ 英文を翻《ほん》□《やく》する。

⑥ エジプトの古代□《い》跡《せき》。

⑦ 意見を□□《はんえい》する。

⑧ □□《いでん》の法則。

2 次の漢字を書きなさい。

① □□《ようじ》教育。

② 仏教には□《しゅう》派《は》が多い。

③ 小林一茶《こばやしいっさ》は□□《はいじん》です。

④ 中学の□□《しゅうがく》通知。

⑤ 先生のお宅《たく》を（　）《たずねる》。

⑥ 呼《こ》□《きゅう》を整える。

⑦ □□□《えいしゃ》機で（　）《うつす》。

⑧ □□《しょこく》をわたり歩く。

3 次の漢字を書きなさい。

① 大統領が□□《ほうにち》する。

② （　）《わすれ》っぽい人だ。

③ はちの□□《ようちゅう》。

④ 江戸《えど》□□《ばくふ》。

⑤ ミュージカル□《はい》優《ゆう》。

⑥ 夜は十時に□《しゅう》寝《しん》する。

⑦ 家庭□□《ほうもん》をする。

⑧ 妹はまだ（　）《おさない》。

20日 まとめテスト (2) 読み

月　日

時間 20分 【はやい15分・おそい25分】
合格 80点 (一つ4点)
得点　点

1 ――線の漢字の読み方を書きなさい。

① 貴重品を預《あず》ける。（　）
② 先生の注意に従う。（　）
③ 誠実な人柄《ひとがら》。（　）
④ 腹を割って話す。（　）
⑤ 憲法を守る。（　）
⑥ 絵の展覧会を見る。（　）
⑦ 国民の権利。（　）
⑧ 自分の誤りに気づく。（　）

2 ――線の漢字の読み方を書きなさい。

① 遺伝子を調べる。（　）
② 雑誌を来月創刊する。（　）（　）
③ 訳がわからない。（　）
④ 危険な場所をさける。（　）
⑤ 同窓会に出席する。（　）
⑥ 名詞は主語になる。（　）
⑦ 異なった意見を出す。（　）
⑧ 果てしない宇宙。（　）

3 ――線の漢字の読み方を書きなさい。

① 就寝《しん》する時刻《じこく》。（　）
② 吸入器を買う。（　）
③ 先生の家を訪問する。（　）
④ 学校の諸費を納《おさ》める。（　）
⑤ 新しい物語を創る。（　）
⑥ 幼虫を育てる。（　）
⑦ 江戸《えど》幕府ができる。（　）
⑧ 映画を見に行く。（　）

まとめテスト(2) 書き

月	日

時間 20分 【はやい15分・おそい25分】
合格 80点 （一つ4点）
得点 点

1 次の漢字を書きなさい。

① 論文を□《ひはん》する。
② 森の奥《おく》を□《たんけん》する。
③ 種類が（　）《ことなる》。
④ 英文を□《やく》す。
⑤ □《ごかい》を招く。
⑥ テレビで□《せんでん》する。
⑦ □《まど》ガラスを（　）《わる》。
⑧ □《てんらんかい》を開く。

2 次の漢字を書きなさい。

① □《もけい》飛行機。
② □《そうりつ》記念日。
③ ニワトリの□《たまご》。
④ 呼《こ》□《きゅう》が乱《みだ》れる。
⑤ □《じゅうらい》の方法。
⑥ （　）《あたたかい》気候。
⑦ □《きけん》な遊び。
⑧ □《しゅけん》は国民にある。

③二つの点をわすれずに書こう。また，筆順にも注意しよう。

3 次の漢字を書きなさい。

① □《しょがいこく》の首相。
② □《まくうち》の力士。
③ まだ（　）《おさない》子供。
④ かぎをかけ（　）《わすれる》。
⑤ □《いでん》の法則。
⑥ 先生のお宅《たく》を（　）《たずねる》。
⑦ 小林一茶《こばやしいっさ》は□《はいじん》です。
⑧ □《しゅうきょう》について学ぶ。

21日 肺・臓・存・蒸・推・秘

61 肺

音 ハイ
訓 ―
部首 月(にくづき)
意味 人やけものが呼吸(こきゅう)をする器官。

画数 9

・筆順どおりに書きなさい。

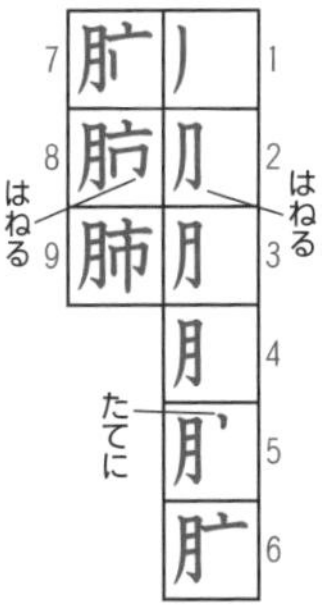

―線の漢字の読み方を書きなさい。

① 肺。（　　）
② 肺活量。（　　）
③ 肺炎《えん》にかかる。（　　）

62 臓

音 ゾウ
訓 ―
部首 月(にくづき)
意味 はらわた(心臓・肺臓・かん臓・胃・小腸・大腸など)。

画数 19

・筆順どおりに書きなさい。

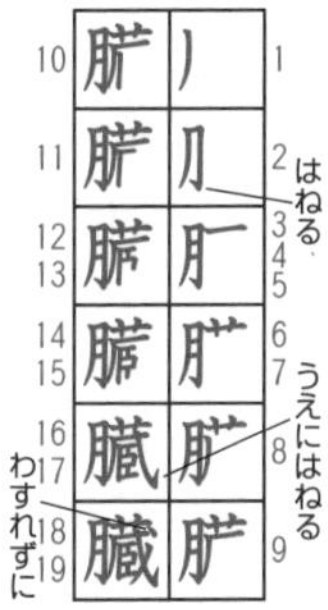

―線の漢字の読み方を書きなさい。

① 内臓。（　　）
② 心臓。（　　）
③ 臓器を移植する。（　　）

63 存

音 ゾン・ソン
訓 ―
部首 子(こ)
意味 ある。生きている。思う。考える。保つ。

画数 6

・筆順どおりに書きなさい。

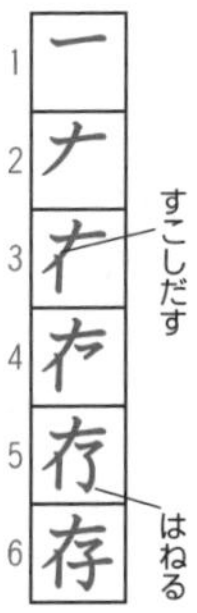

―線の漢字の読み方を書きなさい。

① 存在する。（　　）
② 保存する。（　　）
③ 思う存分泳ぐ。（　　）

64 蒸

音 ジョウ
訓 (むす)・(むれる)・(むらす)
部首 艹(くさかんむり)
意味 液体が気体に変わる。

画数 13

・筆順どおりに書きなさい。

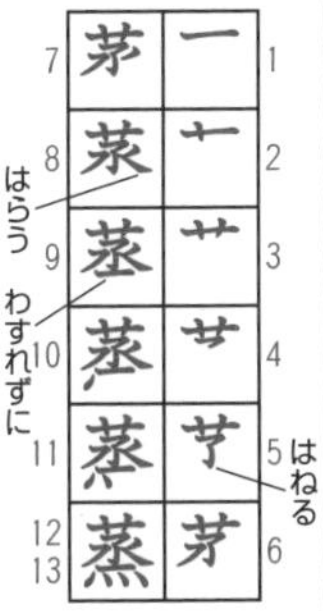

―線の漢字の読み方を書きなさい。

① 蒸発する。（　　）
② 蒸気機関車。（　　）
③ 蒸留水。（　　）

65 推

音 スイ
訓 (おす)
部首 扌(てへん)
意味 すすめる。おしはかる。

画数 11

・筆順どおりに書きなさい。

―線の漢字の読み方を書きなさい。

① 推測する。（　　）
② 推理小説。（　　）
③ 気持ちを推察する。（　　）

66 秘

音 ヒ
訓 (ひめる)
部首 禾(のぎへん)
意味 かくす。ひそかに。はかり知れない。とざす。

画数 10

・筆順どおりに書きなさい。

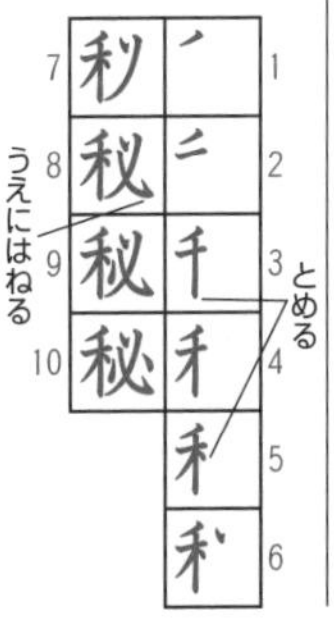

―線の漢字の読み方を書きなさい。

① 秘書。（　　）
② 秘伝の薬。（　　）
③ 秘境のアルプスに登る。（　　）

書いてみよう

月　日
時間 20分 【はやい15分・おそい25分】
合格 20問
正答 　/24問

61

① □《はい》炎《えん》にかかる。

② □《はい》のレントゲン。

③ □□□《はいかつりょう》を測る。

④ □《はい》結核《けっかく》が治る。

62

① □□《しんぞう》が強い。

② □□《ないぞう》が弱い。

③ □□《はいぞう》をふくらます。

④ □□《ぞうき》を移植する。

63

① 貴重な□□《そんざい》。

② 思う□□《ぞんぶん》遊ぶ。

③ 文化財を□□《ほぞん》する。

④ 会社が□□《そんぞく》する。

64

① 水が□□《じょうはつ》する。

② □□□《すいじょうき》がのぼる。

③ □□□《じょうりゅうすい》を作る。

④ □□《じょうき》機関車。

65

① □□《すいり》小説。

② 計画を□□《すいしん》する。

③ 参加人数の□□《すいてい》。

④ 実験の結果を□□《すいそく》する。

66

① □□《ひでん》の薬。

② 代議士の□□《ひしょ》。

③ □《ひ》宝《ほう》をほり出す。

④ □□《ひきょう》を探検する。

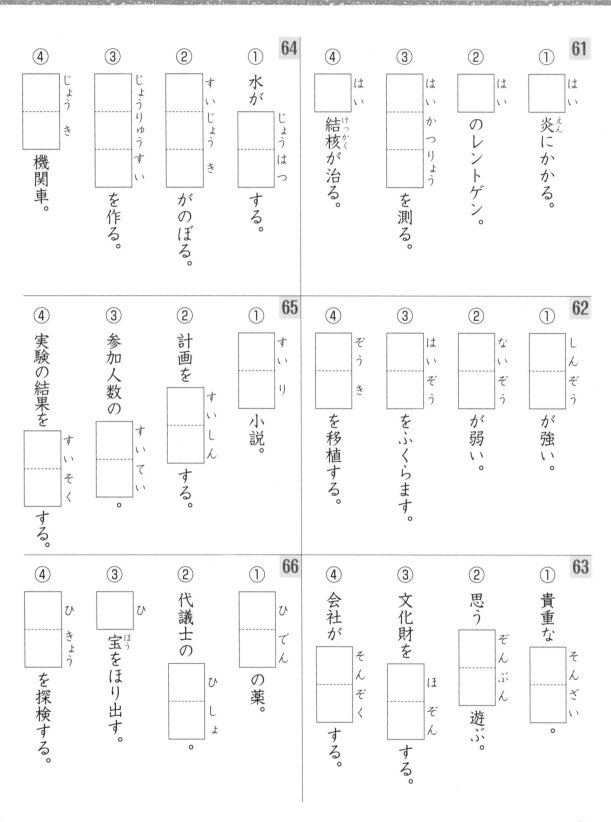

22日　密・優・射・脳・樹・孝

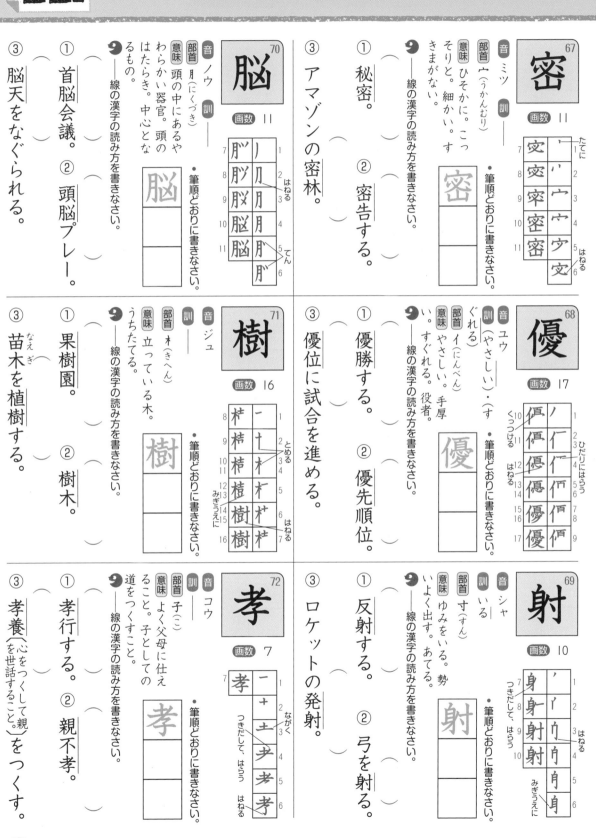

67 密

音 ミツ　訓 ―

画数 11

部首 宀（うかんむり）

意味 ひそかに。こっそりと。細かい。すきまがない。

・筆順どおりに書きなさい。

筆順：1 たてに　5 はねる

◉ ―線の漢字の読み方を書きなさい。

① 秘密。（　　）
② 密告する。（　　）
③ アマゾンの密林。（　　）

68 優

音 ユウ　訓 （やさしい）・（すぐれる）

画数 17

部首 亻（にんべん）

意味 やさしい。すぐれる。手厚い。役者。

・筆順どおりに書きなさい。

筆順：3 ひだりにはらう　10 くっつける　12 はねる

◉ ―線の漢字の読み方を書きなさい。

① 優勝する。（　　）
② 優先順位。（　　）
③ 優位に試合を進める。（　　）

69 射

音 シャ　訓 いる

画数 10

部首 寸（すん）

意味 ゆみをいる。勢いよく出す。あてる。

・筆順どおりに書きなさい。

筆順：3 はねる　6 みぎうえに　7 つきだして、はらう

◉ ―線の漢字の読み方を書きなさい。

① 反射する。（　　）
② 弓を射る。（　　）
③ ロケットの発射。（　　）

70 脳

音 ノウ　訓 ―

画数 11

部首 月（にくづき）

意味 頭の中にあるやわらかい器官。頭のはたらき。中心となるもの。

・筆順どおりに書きなさい。

筆順：2 はねる　5・6 てん

◉ ―線の漢字の読み方を書きなさい。

① 首脳会議。（　　）
② 頭脳プレー。（　　）
③ 脳天をなぐられる。（　　）

71 樹

音 ジュ　訓 ―

画数 16

部首 木（きへん）

意味 立っている木。うちたてる。

・筆順どおりに書きなさい。

筆順：2・3 とめる　6・7 はねる　13・14 みぎうえに

◉ ―線の漢字の読み方を書きなさい。

① 果樹園。（　　）
② 樹木。（　　）
③ 苗木《なえぎ》を植樹する。（　　）

72 孝

音 コウ　訓 ―

画数 7

部首 子（こ）

意味 よく父母に仕えること。子としての道をつくすこと。

・筆順どおりに書きなさい。

筆順：3 ながく　4 つきだして、はらう　6 はねる

◉ ―線の漢字の読み方を書きなさい。

① 孝行する。（　　）
② 親不孝。（　　）
③ 孝養（心をつくして親を世話すること。）をつくす。（　　）

書いてみよう

月　日

時間 20分【はやい15分・おそい25分】
合格 20問
正答　/24問

67

① □□《ひみつ》を守る。

② □□《めんみつ》な計画。

③ □□《しんみつ》な関係。

④ 人口□□《みつど》。

68

① □□《ゆうしょう》する。

② □《ゆう》秀《しゅう》作品。

③ □□《ゆうい》な戦い。

④ □□《ゆうせん》順位。

69

① 弓で的を（　　）《いる》。

② □□《ちょくしゃ》日光を浴びる。

③ ロケットの□□《はっしゃ》。

④ □□《はんしゃ》神経。

70

① □□《のうは》を調べる。

② □□《のうてん》をなぐられる。

③ □□《ずのう》プレー。

④ □□《しゅのう》会談。

71

① □□□《かじゅえん》。

② □□《じゅもく》がおいしげる。

③ 苗木《なえぎ》を□□《しょくじゅ》する。

④ 新記録を□□《じゅりつ》する。

72

① 親に□□《こうこう》する。

② 親□□《ふこう》をするな。

③ 忠《ちゅう》□《こう》者の家来。

④ □□《こうよう》をつくす。

復習テスト(6)　読み

月　日

時間 20分【はやい15分・おそい25分】
合格 80点（一つ4点）
得点　点

1 ——線の漢字の読み方を書きなさい。

① 気持ちを推　察する。
② 蒸　気機関車。
③ 内　臓がじょうぶだ。
④ 思う存　分遊ぶ。
⑤ 水が蒸　発する。
⑥ 心　臓がどきどきする。
⑦ 生　存　者を見つける。
⑧ 出来事を推　測する。

2 ——線の漢字の読み方を書きなさい。

① 秘　境をさぐる。
② 密　度の高い液体。
③ 優　勝を夢みる。
④ 反　射　的にさける。
⑤ 密　林を探検する。
⑥ 的を射ぬく。
⑦ 歩道は人が優　先。
⑧ 秘　密を守る。

3 ——線の漢字の読み方を書きなさい。

① 脳　天をなぐられる。
② 新記録を樹　立する。
③ 親に孝　行する。
④ 肺は　臓　器の一種だ。
⑤ すぐれた頭　脳を持つ。
⑥ ぶどうの果　樹　園。
⑦ 孝　養をつくす。
⑧ 探偵《たんてい》が推　理する。

復習テスト(6) 書き

月　日

時間 20分【はやい15分・おそい25分】
合格 80点（一つ4点）
得点　点

1 次の漢字を書きなさい。

① □《じょうき》機関車。
② 思う□《ぞんぶん》泳ぐ。
③ □《ぞうきいしょく》。
④ □《すいてい》の参加人数。
⑤ □《じょうはつ》して気体になる。
⑥ 自分の□《そんざい》を示す。
⑦ 読書を□《すいしん》する。
⑧ □《ゆう》秀《しゅう》な□《ずのう》。

2 次の漢字を書きなさい。

① 光が□《はんしゃ》する。
② アマゾンの□《みつりん》。
③ 社長の□《ひしょ》。
④ □《ゆうせん》順位をつける。
⑤ 東京の人口□《みつど》。
⑥ 探検家が□《ひきょう》に入る。
⑦ 弓でけものを（　）《いる》。
⑧ 相手の□《ゆうい》に立つ。

3 次の漢字を書きなさい。

① □《のうは》を調べる。
② 連絡《れんらく》を□《みつ》にする。
③ 桜の□《しょくじゅ》式。
④ □《おやふこう》をいましめる。
⑤ □《せいぞんしゃ》を探す。
⑥ 日米□《しゅのう》会談。
⑦ □《じゅもく》がおいしげる。
⑧ □《はい》に息を吸いこむ。

24日　段・疑・源・宝・宅・座

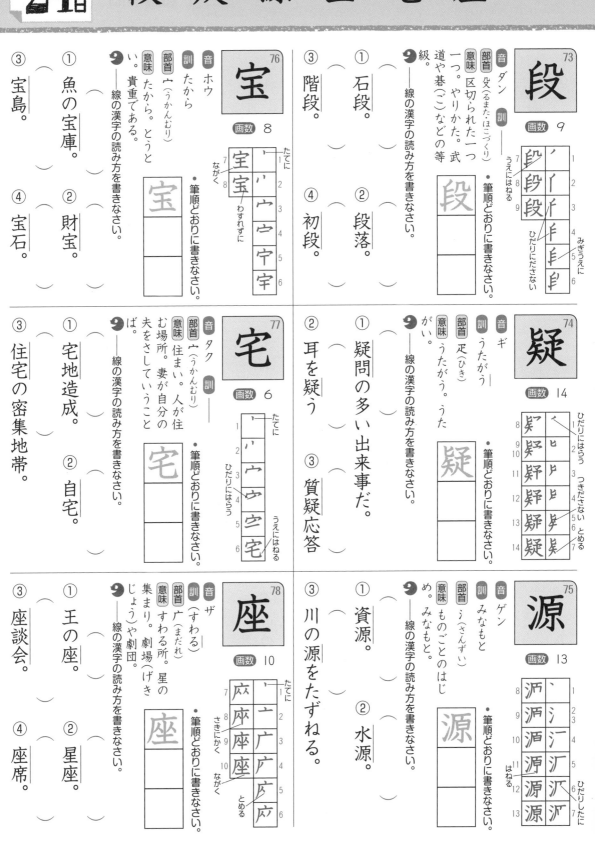

73　段

画数 9

音 ダン　訓 ―

部首 殳(るまた・ほこづくり)

意味 区切られた一つ一つ。やりかた。武道や碁(ご)などの等級。

うえにはねる　ひだりにださない　みぎうえに

・筆順どおりに書きなさい。

段

―線の漢字の読み方を書きなさい。

① 石段。（　　）
② 段落。（　　）
③ 階段。（　　）
④ 初段。（　　）

74　疑

画数 14

音 ギ　訓 うたがう

部首 疋(ひき)

意味 うたがう。うたがい。

ひだりにはらう　つきださない　とめる

・筆順どおりに書きなさい。

疑

―線の漢字の読み方を書きなさい。

① 疑問の多い出来事だ。（　　）
② 耳を疑う（　　）
③ 質疑応答（　　）

75　源

画数 13

音 ゲン　訓 みなもと

部首 氵(さんずい)

意味 ものごとのはじめ。みなもと。

はねる　ひだりしたに

・筆順どおりに書きなさい。

源

―線の漢字の読み方を書きなさい。

① 資源。（　　）
② 水源。（　　）
③ 川の源をたずねる。（　　）

76　宝

画数 8

音 ホウ　訓 たから

部首 宀(うかんむり)

意味 たから。とうとい。貴重である。

たてに　ながく　わすれずに

・筆順どおりに書きなさい。

宝

―線の漢字の読み方を書きなさい。

① 魚の宝庫。（　　）
② 財宝。（　　）
③ 宝島。（　　）
④ 宝石。（　　）

77　宅

画数 6

音 タク　訓 ―

部首 宀(うかんむり)

意味 住まい。人が住む場所。妻が自分の夫をさしていうことば。

たてに　ひだりにはらう　うえにはねる

・筆順どおりに書きなさい。

宅

―線の漢字の読み方を書きなさい。

① 宅地造成。（　　）
② 自宅。（　　）
③ 住宅の密集地帯。（　　）

78　座

画数 10

音 ザ　訓 (すわる)

部首 广(まだれ)

意味 すわる所。星の集まり。劇場(げきじょう)や劇団。

たてに　さきにかく　ながく　とめる

・筆順どおりに書きなさい。

座

―線の漢字の読み方を書きなさい。

① 王の座。（　　）
② 星座。（　　）
③ 座談会。（　　）
④ 座席。（　　）

月　日

時間 20分【はやい15分・おそい25分】
合格 20問
正答　/24問

書いてみよう

73

① 文章の□□《だんらく》。

② 最後の□□《しゅだん》。

③ □□《かいだん》を上がる。

④ □□《ねだん》が安い。

74

① □□《しつぎ》応答の時間。

② 耳を（　）《うたがう》

③ □□□《ぎもんてん》。

④ 半信□□《はんぎ》

75

① 地球の□□《きげん》。

② 天然の□□《しげん》。

③ □□□《すいげんち》。

④ 川の□《みなもと》をたずねる。

76

① 正倉院の□□《ほうもつ》。

② □□《たからじま》を探す物語。

③ 魚の□□《ほうこ》。

④ □□□《ほうせきばこ》。

77

① □□《たくち》造成。

② 静かな□□□《じゅうたくち》。

③ □□《しゃたく》に住む。

④ □□《じたく》に帰る。

78

① 王の□《ざ》につく。

② 望遠鏡で□□《せいざ》を見る。

③ □□□《ざだんかい》を開く。

④ たたみに□□《せいざ》する。

25日 針・砂・頂・痛・穀

針 79

音 シン
訓 はり
部首 金（かねへん）
意味 はり。はりの形をしたもの。

画数 10

・筆順どおりに書きなさい。（とめる　みぎうえに）

針

――線の漢字の読み方を書きなさい。

① 針葉樹。（　　）
② 時計の針。（　　）
③ 針路を北北西にとる。（　　）

痛 82

音 ツウ
訓 いたい・いたむ・いためる
部首 疒（やまいだれ）
意味 いたむ。ひどく。非常に。

画数 12

・筆順どおりに書きなさい。（たてに　とめる　はねる）

痛

――線の漢字の読み方を書きなさい。

① おなかが痛い。（　　）
② 頭痛。（　　）
③ 心を痛める。（　　）

砂 80

音 サ・（シャ）
訓 すな
部首 石（いしへん）
意味 すな。すなのようなもの。

画数 9

・筆順どおりに書きなさい。（つきださない　はねる）

砂

――線の漢字の読み方を書きなさい。

① 砂糖《とう》。（　　）
② 砂場。（　　）
③ 川底の砂鉄を集める。（　　）

穀 83

音 コク
訓 ―
部首 禾（のぎへん）
意味 （いね・麦・きび・あわ・豆など）主食となる作物。

画数 14

・筆順どおりに書きなさい。（とめる　うえにはねる　くっつけない）

穀

――線の漢字の読み方を書きなさい。

① 穀物。（　　）
② 雑穀。（　　）
③ 日本の穀倉地帯。（　　）

頂 81

音 チョウ
訓 いただく・いただき
部首 頁（おおがい）
意味 （山の）てっぺん。いただき。いただく。

画数 11

・筆順どおりに書きなさい。（はねる）

頂

――線の漢字の読み方を書きなさい。

① 山の頂上。（　　）
② 山の頂。（　　）
③ ケーキを頂く。（　　）

知っとく 「穀」の部首は何？

「穀」の部首は「殳」（るまた）ではなく、「禾」（のぎへん）です。「禾」は主食となる作物の一つ、「いね」を表しています。

一方の「殳」は手に持つ武器である「ほこ」を表しており、「ほこづくり」とも言います。それぞれの字の表す意味に注意し、部首を考えるようにします。

書いてみよう

月　日

時間 20分【はやい15分・おそい25分】　正答

合格 16問　/20問

79

① □□《しんよう》樹林。

② □□《しんろ》を北にとる。

③ □□《はりがね》を買う。

④ 学校の教育□□《ほうしん》。

80

① □《さ》糖《とう》はあまい。

② □□《すなば》で遊ぶ。

③ □□《さてつ》を集める。

④ □□《さきん》を探す。

81

① 山の□□《ちょうじょう》。

② ごちそうを（　　）《いただく》。

③ 山の□《いただき》に立つ。

④ 三角形の□□《ちょうてん》。

82

① おなかが（　　）《いたい》。

② □□《ずつう》がする。

③ 心を（　　）《いためる》。

④ □□《ひつう》な面持《おもも》ち。

83

① 米は□□《こくもつ》だ。

② 世界の□□《こくそう》地帯。

③ 脱《だっ》□《こく》機。

④ きびやあわは□□《ざっこく》だ。

知っ得

「針路」と「進路」

同じ読みを持つ熟語《じゅくご》ですが、意味を理解して、それぞれを使い分けるようにします。

針路…羅針盤《らしんばん》で進む方向を知ることから、船や航空機などの進む方向。「北に針路をとる。」

進路…行く手、人が将来《しょうらい》進む道。「生徒の進路を指導する。」

26日 復習テスト (7) 読み

月　日

時間 20分 【はやい15分・おそい25分】
合格 80点 （一つ4点）
得点　　点

1 ——線の漢字の読み方を書きなさい。

① お宅のお子さんですか。
② 疑問点を書いておく。
③ 水源地のダム。
④ 日本近海は魚の宝庫。
⑤ 疑いをいだく。
⑥ 川の源をたずねる。
⑦ 宝島を探す物語。
⑧ 住宅が密集する。

2 ——線の漢字の読み方を書きなさい。

① 注射器の針。
② 質疑応答の時間。
③ 山の頂から見る星座。
④ 砂鉄を集める。
⑤ ごちそうを頂く。
⑥ 針葉樹の森。
⑦ 砂場で遊ぶ。
⑧ 座談会を開く。

3 ——線の漢字の読み方を書きなさい。

① 段落分けをする。
② 悲痛なさけび。
③ 日本の穀倉地帯。
④ 米と麦以外の雑穀。
⑤ おなかが痛い。
⑥ 石段を上がる。
⑦ 米や麦は穀物だ。
⑧ エベレストの頂上。

復習テスト (7) 書き

月　日

時間 20分【はやい15分・おそい25分】

合格 80点（一つ4点）

得点　　点

1 次の漢字を書きなさい。

① □《たから》のありかを探す。

② □□《すなば》で遊ぶ。

③ 川の□《みなもと》を探す。

④ □□《さんちょう》に立つ。

⑤ 正倉院の□□《ほうもつ》。

⑥ □□《たくち》造成が進む。

⑦ □□《ぎもん》をいだく。

⑧ 日本は□□《しげん》が少ない。

2 次の漢字を書きなさい。

① ごはんを（　　）《いただく》。

② 学校の教育□□《ほうしん》。

③ （　　）《うたがい》の目で見る。

④ □《ざ》ぶとんを敷《し》く。

⑤ □□《しつぎ》に応じる。

⑥ 磁石で□□《さてつ》を探す。

⑦ 先生のお□《たく》を訪ねる。

⑧ 王の□《ざ》を追われる。

3 次の漢字を書きなさい。

① 米や麦は□□《こくもつ》だ。

② 注射の□《はり》が（　　）《いたい》。

③ 文章の□□《だんらく》。

④ 知識の□《みなもと》。

⑤ 腹《ふく》□《つう》を起こす。

⑥ 復興の□□《ししん》を示す。

⑦ □□《かいだん》を下りる。

⑧ あわやひえは□□《ざっこく》だ。

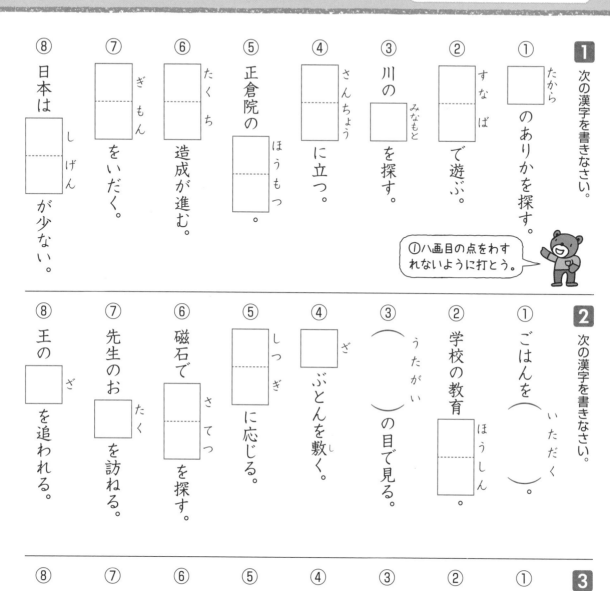

27日 傷・亡・班・策・担

84 傷

画数 13

音 ショウ
訓 きず・（いたむ）・（いためる）
部首 亻（にんべん）
意味 きず。きずつく。

・筆順どおりに書きなさい。

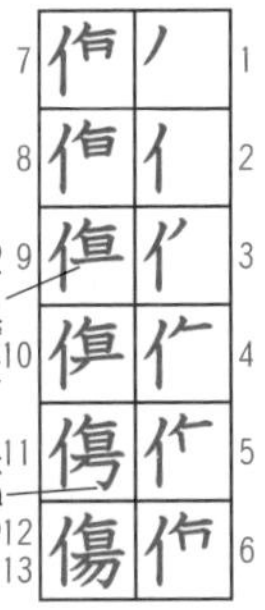

・――線の漢字の読み方を書きなさい。

① 事故で負傷者が出る。（　　）
② 傷心。（　　）
③ 傷が痛む。（　　）

85 亡

画数 3

音 ボウ・（モウ）
訓 （ない）
部首 亠（なべぶた・けいさんかんむり）
意味 ほろびる。死ぬ。にげる。

・筆順どおりに書きなさい。

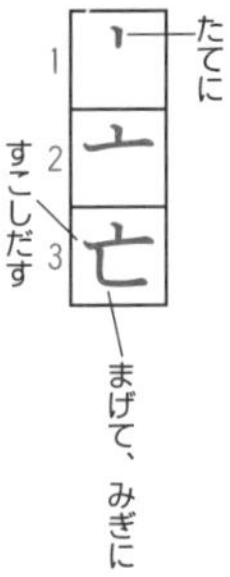

・――線の漢字の読み方を書きなさい。

① 死亡する。（　　）
② 滅《めつ》亡する。（　　）
③ 外国に亡命する。（　　）

86 班

画数 10

音 ハン
訓 ―
部首 王（おうへん・たまへん）
意味 大きな集まりをいくつかに分けたもの。それを数える言葉。

・筆順どおりに書きなさい。

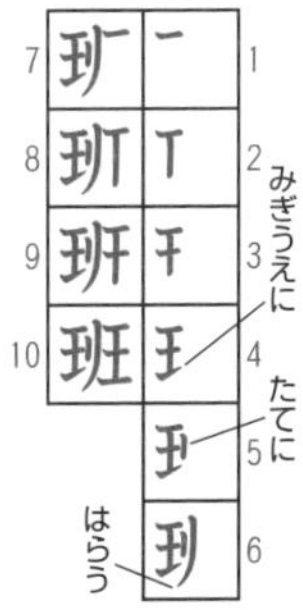

・――線の漢字の読み方を書きなさい。

① 三つの班。（　　）
② 班長。（　　）
③ 班別に集まる。（　　）

87 策

画数 12

音 サク
訓 ―
部首 ⺮（たけかんむり）
意味 はかりごと。

・筆順どおりに書きなさい。

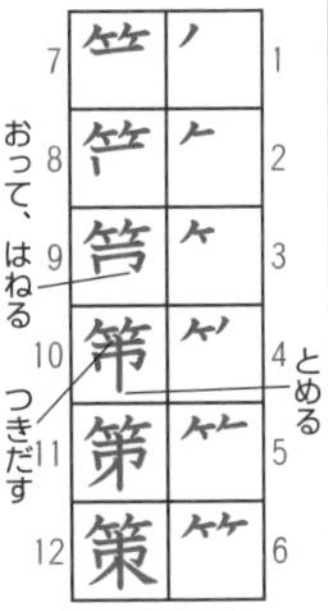

・――線の漢字の読み方を書きなさい。

① 試験対策。（　　）
② 外交政策。（　　）
③ 策略。（　　）
④ 散策。（　　）

88 担

画数 8

音 タン
訓 （かつぐ）・（になう）
部首 扌（てへん）
意味 になう。かつぐ。引き受ける。

・筆順どおりに書きなさい。

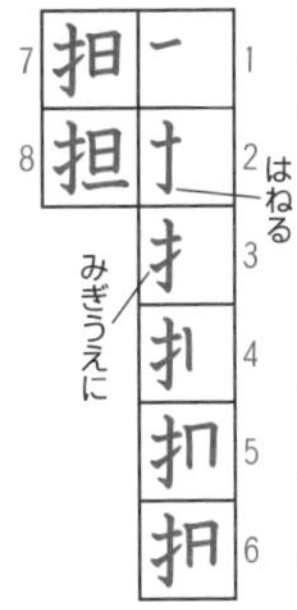

・――線の漢字の読み方を書きなさい。

① 分担する。（　　）
② 担任の先生。（　　）
③ 負担。（　　）
④ 加担。（　　）

クイズ 漢字パズル

次の□にあてはまる漢字を、後から選んで書こう。

・ビルを□□《けんちく》する。
・計画を□□《さくてい》する。

建　程　築　定　健　策

（答えは54ページ）

書いてみよう

時間 20分【はやい15分・おそい25分】
合格 16問
正答　／20問

84

① □□□《ふしょうしゃ》が多い。
② □《きず》がつく。
③ □□□《かんしょうてき》になる。
④ □□《しょうしん》をいやす。

85

① 滅《めっ》□《ぼう》した国。
② 事故で□□《しぼう》する。
③ 外国に□□《ぼうめい》する。
④ □□《ぼうこく》の民《たみ》。

86

① □《はん》で行動する。
② □□《はんべつ》に集まる。
③ □□《はんちょう》を決める。
④ □□《はんいん》の意見。

87

① 試験の□□《たいさく》。
② 政府の外交□□《せいさく》。
③ □□《さくりゃく》をめぐらす。
④ 事故を防ぐ□□《ほうさく》。

88

① 仕事の□□《ぶんたん》。
② □□《たんにん》の先生。
③ □□《ふたん》を軽くする。
④ 司会を□□《たんとう》する。

知っとく　かつぐ・になう

「担」の音読みは「タン」ですが、訓読みに「かつ(ぐ)」「にな(う)」があります。高校で習う読み方ですが、この言葉と意味は知っておきたいですね。「にな(う)」は、主に「責任などを引き受ける」意味で使います。

・おみこしを担《かつ》ぐ村人たち。
・新しい社会を担《にな》う若者。

28日 警・署・俵・沿・障

警　89

音 ケイ
訓 —
部首 言（げん）
意味 いましめる。まもる。注意する。

画数 19

・筆順どおりに書きなさい。
（はねる／ながく）

警

——線の漢字の読み方を書きなさい。

① 警察。（　　）
② 警官。（　　）
③ 警備につく。（　　）
④ 警報。（　　）

沿　92

音 エン
訓 そう
部首 氵（さんずい）
意味 （長いものなどのふちに）そう。

画数 8

・筆順どおりに書きなさい。
（くっつけない／はらう／みぎうえに）

沿

——線の漢字の読み方を書きなさい。

① 沿岸漁業。（　　）
② 私鉄の沿線。（　　）
③ この川に沿って歩く。（　　）

署　90

音 ショ
訓 —
部首 罒（あみがしら・あみめ・よこめ）
意味 役割。役所。書きしるす。

画数 13

・筆順どおりに書きなさい。
（つきだして、はらう／ながく）

署

——線の漢字の読み方を書きなさい。

① 消防署。（　　）
② 署長。（　　）
③ 署名する。（　　）

障　93

音 ショウ
訓 （さわる）
部首 阝（こざとへん）
意味 さえぎる。じゃまする。へだて。

画数 14

・筆順どおりに書きなさい。
（たてに／ながく）

障

——線の漢字の読み方を書きなさい。

① 保障する。（　　）
② 故障する。（　　）
③ 障子を開ける。（　　）

俵　91

音 ヒョウ
訓 たわら
部首 イ（にんべん）
意味 わらなどであみ、米や炭を入れるふくろ。

画数 10

・筆順どおりに書きなさい。
（はねる／はらう）

俵

——線の漢字の読み方を書きなさい。

① 一俵の米。（　　）
② 炭俵。（　　）
③ すもうの土俵。（　　）

クイズ 漢字パズル

次の□にあてはまる漢字を、後から選んで書こう。

事務□（しょ）・□（しょ）中見舞《みま》い

警察□（しょ）・小笠原《おがさわら》□（しょ）島

処　所　初　暑　諸　署

（答えは56ページ）

書いてみよう

時間 20分【はやい15分・おそい25分】
合格 16問
正答 ／20問

89

① □《けいさつ》の仕事。
② □《けいび》につく。
③ □《けいかん》にたずねる。
④ □《けいこく》を発する。

90

① 税務□《しょちょう》。
② □《しょうぼうしょ》。
③ 書類に□《しょめい》する。
④ □《ぶしょ》につく。

91

① □《いっぴょう》の米。
② □《こめだわら》をかつぐ。
③ すもうの□《どひょう》。
④ □《すみだわら》を車に積む。

92

① □《えんがん》漁業。
② 私鉄□《えんせん》の遊園地。
③ 川に（　　）《そって》歩く。
④ □《えんどう》をうめる人々。

93

① □《しょうがいぶつ》競走。
② □《こしょう》する。
③ □《しょうじ》を開ける。
④ 安全を□《ほしょう》する。

知っとく

沿う・浴びる

形が似てまぎらわしい漢字は、訓読みや熟語《じゅくご》とともに用法を理解しよう。「沿」は長いものに「そう」意味で、「浴」は何かをいっぱい「あびる」意味で使われます。

・運河に沿って歩き、水浴びをする。
・太平洋沿岸の海水浴場。

〔55ページの答え…所・暑・署・諸〕

月　日

29日 復習テスト(8) 読み

時間 20分【はやい15分・おそい25分】
合格 80点（一つ4点）
得点　　点

1 ―線の漢字の読み方を書きなさい。

① 書類に署名する。
② 大阪府警の機動隊。
③ 一班から出発する。
④ 米俵をかつぐ。
⑤ 沿岸漁業。
⑥ 障害物競走。
⑦ 警察署。
⑧ 警告を発する。

2 ―線の漢字の読み方を書きなさい。

① 傷口に薬をぬる。
② 事故防止の対策。
③ アメリカに亡命する。
④ 警備を順に担当する。
⑤ 班別に並《なら》ぶ。
⑥ 策略をめぐらす。
⑦ 仕事を分担する。
⑧ 土俵に上がる。

3 ―線の漢字の読み方を書きなさい。

① 沿道から応援《おうえん》する。
② 障子紙を張りかえる。
③ 外国に亡命する。
④ 海岸沿いの倉庫。
⑤ 部署につく。
⑥ 負傷者の手当て。
⑦ 負担を軽くする。
⑧ 一俵分の米。

復習テスト(8) 書き

月　　日

時間 20分 【はやい15分・おそい25分】

合格 80点 (一つ4点)

得点　　点

1 次の漢字を書きなさい。

① □□《どひょう》に上がる。

② □《きず》が痛む。

③ 川に（　　）《そって》歩く。

④ 車が□□《こしょう》する。

⑤ 災害の□□□《ししょうしゃ》。

⑥ 社会□□《ほしょう》の制度。

⑦ アメリカに□□《ぼうめい》する。

⑧ □□《さくりゃく》をめぐらす。

2 次の漢字を書きなさい。

① □□《こめだわら》を運ぶ。

② □□《けいび》の□□《たんとう》者。

③ 内閣《ないかく》の□□《せいさく》発表。

④ □□《はんちょう》を決める。

⑤ 私鉄□□《えんせん》の遊園地。

⑥ □□□《しょうがいぶつ》競走。

⑦ 国が滅《めつ》□《ぼう》する。

⑧ □□《きずぐち》に薬をぬる。

3 次の漢字を書きなさい。

① □□《けいさつ》の捜査《そうさ》。

② □□《しょめい》運動。

③ ふすまと□□《しょうじ》。

④ □□《ふたん》を軽減する。

⑤ 水害の□□《たいさく》を練る。

⑥ 研究□《はん》を作る。

⑦ 火災で□□《しぼう》する。

⑧ □□□《しょうぼうしょ》。

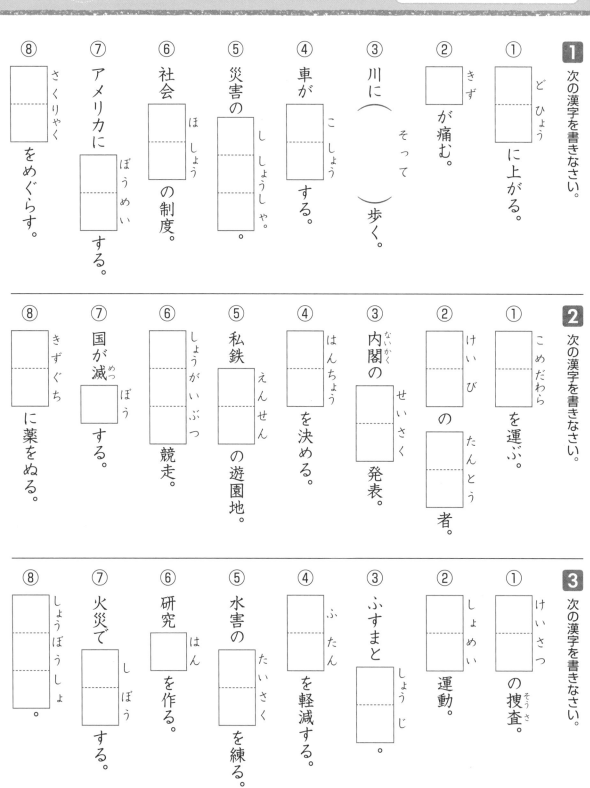

月　日

時間 20分【はやい15分・おそい25分】 合格 80点（一つ4点） 得点　点

1 ――線の漢字の読み方を書きなさい。

① 臓器移植を受ける。（　）（　）
② 存在価値を問われる。（　）（　）
③ 水分の蒸発を防ぐ。（　）（　）
④ 事情を推測する。（　）（　）
⑤ 米俵をかつぐ。（　）（　）
⑥ 障害を取り除く。（　）（　）
⑦ 優勝旗の授与《じゅよ》。（　）（　）
⑧ 反射神経がするどい。（　）（　）

2 ――線の漢字の読み方を書きなさい。

① 果樹園に行く。（　）（　）
② 宝探しをする。（　）（　）
③ 疑いの目を向ける。（　）（　）
④ 頭脳がさえている。（　）（　）
⑤ 親に孝行をする。（　）（　）
⑥ 川に沿って歩く。（　）（　）
⑦ 文明の源をさぐる。（　）（　）
⑧ ここは住宅の密集地だ。（　）（　）

3 ――線の漢字の読み方を書きなさい。

① 解決のための指針。（　）（　）
② 座談会が始まる。（　）（　）
③ 雑穀を混ぜたご飯。（　）（　）
④ 山の頂の雪。（　）（　）
⑤ ふすまと障子。（　）（　）
⑥ 砂が目に入る。（　）（　）
⑦ 頭痛がする。（　）（　）
⑧ 傷口を消毒する。（　）（　）

まとめテスト (3) 書き

月　日

時間 20分
【はやい15分・おそい25分】

合格 80点
(一つ4点)

得点
点

1 次の漢字を書きなさい。

① □□《しんぞう》がどきどきする。

② 思う□□《ぞんぶん》に運動する。

③ □□《じょうき》機関を発明する。

④ 読書を□□《すいしん》する。

⑤ □□《ひみつ》を守る。

⑥ □□《えんがん》を□□《けいび》する。

⑦ □□《ゆうせん》順位を決める。

⑧ 矢で的を（　）《いる》。

2 次の漢字を書きなさい。

① □□《じゅもく》を育てる。

② 日米の□□《しゅのう》が会う。

③ □《はい》に空気を吸いこむ。

④ □□《だんかい》をふんで考える。

⑤ 日本は□□《しげん》が少ない。

⑥ □□《いっぴょう》の米。

⑦ 知識の□□《ほうこ》。

⑧ □□□《けいさつしょ》。

3 次の漢字を書きなさい。

① 外国に□□《ぼうめい》する。

② 図書係を□□《たんとう》する。

③ 災害の□□《たいさく》を立てる。

④ □□《こくもつ》を輸入する。

⑤ 注射器の□《はり》。

⑥ □□《はんちょう》を決める。

⑦ （　）《いたい》目にあう。

⑧ エベレストの□□《ちょうじょう》。

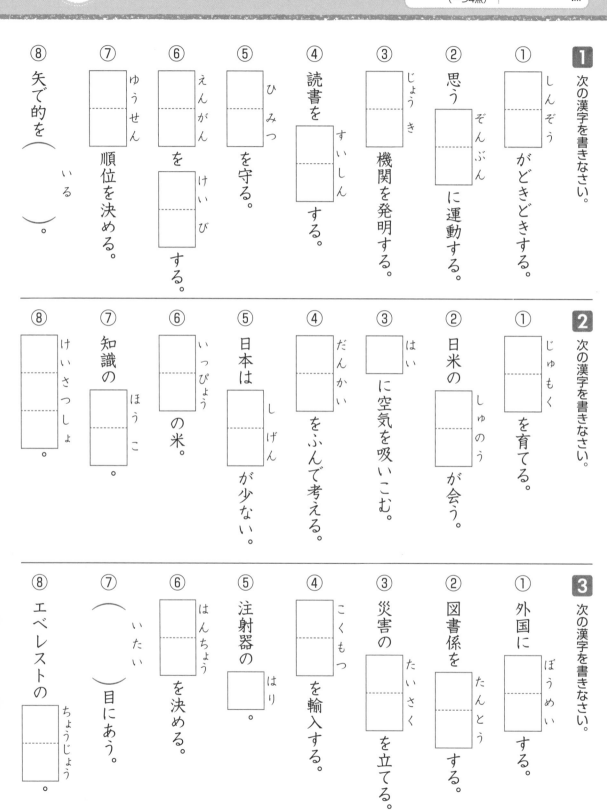

進級テスト(1) 読み

月　日

時間 20分 【はやい15分・おそい25分】
合格 80点 （一つ4点）
得点　　点

1 ――線の漢字の読み方を書きなさい。（完答）

① 映像（　）　映す（　）

② 探検（　）　探す（　）

③ 収入（　）　収める（　）

④ 解除（　）　除く（　）

⑤ 暖流（　）　暖かい（　）

⑥ 経済（　）　済む（　）

⑦ 山頂（　）　頂く（　）

⑧ 閉会（　）　閉じる（　）

2 次の漢字の読み方を、送りがなもふくめて書きなさい。（完答）

① ㋐ 異なる（　）　㋑ 等しい（　）

② ㋐ 疑う（　）　㋑ 信じる（　）

③ ㋐ 忘れる（　）　㋑ 覚える（　）

④ ㋐ 従う（　）　㋑ 逆らう（　）

3 ――線の漢字の読み方を書きなさい。

① 年齢《ねんれい》を推定（　）する。

② 燃料を補給（　）する。

③ 住宅（　）を建てる。

④ 情報を提供（　）する。

⑤ 貴金属（　）を輸入する。

⑥ 民衆（　）の権利と義務。

⑦ 負傷（　）し、苦痛（　）を感じる。

⑧ 新記録の樹立（　）。

⑨ 警官（　）の役を担当（　）する。

⑩ 砂（　）つぶを吸（　）いこむ。

月　日

時間 20分 【はやい15分・おそい25分】
合格 80点 （一つ4点）
得点　　点

進級テスト(1) 書き

1 次の熟語《じゅくご》と反対の熟語を、後の漢字を組み合わせて作りなさい。

① 安全―□□
② 目的―□□
③ 複雑―□□
④ 移動―□□
⑤ 義務―□□
⑥ 寒冷―□□
⑦ 生産―□□
⑧ 支出―□□

険　段　単　手　利　温
消　入　収　費　権　定
暖　簡　固　危

2 次の漢字を書きなさい。

① □□《むしゃ》人形
② □□《しんぞう》移植
③ □□《しつぎ》応答
④ 学級□□《にっし》

3 次の漢字を書きなさい。

① 博□《らん》会
② 討《とう》□《ろん》会
③ 合□《しゅう》国
④ 備□《ぼう》録
⑤ 同□《そう》会

4 次の漢字を書きなさい。

① □□《いひん》を整理する。
② □《かいこ》を飼う。
③ □□《こめだわら》を運ぶ。
④ □□《きちょう》な品物。
⑤ □□□《てんじかい》に行く。
⑥ □□《そうい》工夫《くふう》する。
⑦ 会社に□□《しゅうしょく》する。
⑧ □□《ひみつ》を守る。

月　日

進級テスト(2)　読み

時間 20分 [はやい15分・おそい25分]
合格 80点 (一つ4点)
得点　　点

1 ――線の漢字の読み方を書きなさい。(完答)

① ㋐ 規模（　　） ㋑ 模型（　　）

② ㋐ 幕府（　　） ㋑ 幕切れ（　　）

③ ㋐ 存在（　　） ㋑ 温存（　　）

2 次の言葉の読み方を、送りがなもふくめて書きなさい。

① 宙返り（　　）

② 株分け（　　）

③ 後ろ姿（　　）

④ 卵焼き（　　）

⑤ 値打ち（　　）

3 次の漢字を組み合わせると、二字熟語《じゅくご》が四つできます。読み方を書きなさい。

海	石	宙	警
磁	宇	護	沿

（　　）（　　）（　　）（　　）

4 ――線の漢字の読み方を書きなさい。

① 発売日が延びる。（　　）

② 字の誤りを正す。（　　）

③ 軽 傷を負う。（　　）（　　）

④ 沿うべき方 針を知る。（　　）（　　）

⑤ 弥生《やよい》時代の遺跡《せき》。（　　）

⑥ 簡 単な問題だった。（　　）（　　）

⑦ 雑 誌を 創 刊する。（　　）（　　）（　　）（　　）

⑧ 優 美なつるの羽ばたき。（　　）（　　）

⑨ 友達の家を訪ねる。（　　）

⑩ 機械をたくみに操 作する。（　　）

⑪ 伝統的な絹 織 物工業。（　　）

進級テスト(2) 書き

月　日

時間 20分 【はやい15分・おそい25分】

合格 80点 （一つ4点）

得点　点

1 次の漢字と似た意味の漢字を、下から選んで書きなさい。

① 価□
② 簡□
③ 創□
④ 負□
⑤ □言
⑥ □務
⑦ □評
⑧ 秘□
⑨ 差□

値　担　異　批　宣　素　密　造　勤

2 次の読み方をする漢字を入れて、熟語《じゅくご》を作りなさい。

① エイ　㋐□像　㋑□業
② サク　㋐対□　㋑□戦
③ ホウ　㋐□問　㋑□告
④ ソン　㋐□害　㋑□続

3 次の漢字を書きなさい。

① 酸素をきゅうにゅうする。
② こくもつを育てる。
③ じんけんを宣言する。
④ 今年はだんとうだ。
⑤ ろんぶんを書く。
⑥ けんぽうを制定する。
⑦ きちょうひんを預《あず》かる。
⑧ ひざを（いためる）。

進級テスト(3) 読み

月　日

時間 20分【はやい15分・おそい25分】
合格 80点（一つ4点）
得点　点

1 ——線の漢字の読み方を書きなさい。（完答）

① ㋐ 背中（　　）　㋑ 背比べ（　　）
② ㋐ 山の頂（　　）　㋑ 頂く（　　）
③ ㋐ 閉じる（　　）　㋑ 閉める（　　）
④ ㋐ 供える（　　）　㋑ お供（　　）

2 次の四字熟語《よじじゅくご》の読み方を書きなさい。

① 大同小異（　　）
② 空前絶後（　　）
③ 公平無私（　　）
④ 誠心誠意（　　）

3 同じ読み方の熟語を、——線で結びなさい。

① 有料・　　・㋐ 志望
② 補導・　　・㋑ 用事
③ 死亡・　　・㋒ 歩道
④ 幼児・　　・㋓ 市制
⑤ 姿勢・　　・㋔ 優良

4 ——線の漢字の読み方を書きなさい。

① 絹のブラウス。（　　）
② 砂鉄を集める。（　　）（　　）
③ 箱に収める。（　　）
④ 時計の秒針。（　　）（　　）
⑤ 宝のありかを秘密にする。（　　）（　　）
⑥ 歌詞を口ずさむ。（　　）（　　）
⑦ 非常階段を使う。（　　）（　　）
⑧ 姿勢を正す。（　　）（　　）
⑨ 班長としての役割。（　　）（　　）
⑩ 新しい情報を提供する。（　　）（　　）

進級テスト(3) 書き

月　日

時間 20分【はやい15分・おそい25分】
合格 80点（一つ5点）
得点　　点

1 次の漢字と反対の意味の漢字を、下から選んで書きなさい。

① 取□
② 開□
③ 正□
④ 主□
⑤ □悪
⑥ 呼《こ》□
⑦ 寒□
⑧ 公□
⑨ □常

従　捨　異　善　私　誤　暖　吸　閉

2 次の漢字とそれぞれの部首を組み合わせてできる漢字を書きなさい。（完答）

① 非　㋐ 罒　㋑ 心　㋒ イ
② 由　㋐ 尸　㋑ 氵　㋒ 𥫗
③ 成　㋐ 言　㋑ 土　㋒ 皿

3 次の漢字を書きなさい。

① 切り□《かぶ》にこしかける。
② □□□□《しんようじゅりん》。
③ □□《ひはん》的な見方をする。
④ なみだの□《わけ》をたずねる。
⑤ 文明の□□《きげん》を調べる。
⑥ 的を（いた）答え。
⑦ お金に（こまる）。
⑧ □□《しょこく》を旅する。

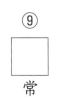

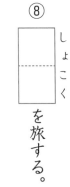

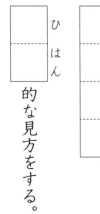

進級テスト(4) 読み

時間 20分【はやい15分・おそい25分】
合格 80点（一つ4点）
得点　　点

1 ――線の漢字の読み方を書きなさい。

① ㋐ 善い行いをする。（　）
　 ㋑ 喜びを表現する。（　）

② ㋐ 頂点を極める。（　）
　 ㋑ 順番を決める。（　）

③ ㋐ 英語に訳す。（　）
　 ㋑ 手帳に記す。（　）

④ ㋐ 誠実な性格。（　）
　 ㋑ 人口が減少する。（　）

2 次の熟語《じゅくご》の二通りの読み方を書きなさい。

① 宝物（　）（　）

② 筋骨（　）（　）

③ 罪人（　）（　）

3 ――線の漢字の読み方を書きなさい。

① 危ない手つき。（　）

② 光を反射する。（　）

③ 窓から明かりが入る。（　）

④ 友人の家を訪ねる。（　）

⑤ 座談会を開く。（　）

⑥ 諸問題を解決する。（　）

⑦ 多くの批判を受ける。（　）

⑧ 宣教師が来日する。（　）

⑨ 署名を集める。（　）

⑩ 地方に転勤する。（　）

⑪ 工事に支障が出る。（　）

進級テスト(4) 書き

時間 20分【はやい15分・おそい25分】
合格 80点（一つ5点）
得点　　点

1 次の漢字を書きなさい。（完答）

①
㋐ 時間を□《えん》長する。
㋑ □《えん》長先生。

②
㋐ 親□《こう》行。
㋑ 南洋を□《こう》行する船。

③
㋐ 答案を回□《しゅう》する。
㋑ 市長に□《しゅう》任する。

2 次の□にあてはまる漢字を書きなさい。

① すねに□をもつ

② □に腹《はら》は代えられない

③ □くもない腹をさぐられる

④ 旅のはじはかき□て

⑤ □の穴から天をのぞく

⑥ 元のさやに□まる

3 次の漢字を書きなさい。

① くつに□《すな》が入る。

② □《わたし》の家族。

③ □□《しょめい》を求める。

④ 水分を（　　）《おぎなう》。

⑤ 全国□□《きぼ》のキャンペーン。

⑥ □□《すうち》を読み取る。

⑦ □□《しゅうきょう》団体。

⑧ □□《じょうき》で□《まど》がくもる。

⑨ 開会を□□《せんげん》する。

⑩ ほら穴を□□《たんけん》する。

進級テスト(5)　読み

時間 20分【はやい15分・おそい25分】
合格 80点（一つ4点）
得点　点

1 ——線の漢字の読み方を書きなさい。

①
㋐ 養蚕業を営む。（　）
㋑ 昼間は暑い。（　）

②
㋐ 荷物が届く。（　）
㋑ 住居をかまえる。（　）

③
㋐ 卵を調理する。（　）
㋑ 印を付ける。（　）

④
㋐ 入念に洗顔する。（　）
㋑ 流水ですすぐ。（　）

2 同じ音読みの漢字を、——線で結びなさい。

① 詞・　・㋐ 障
② 映・　・㋑ 通
③ 章・　・㋒ 永
④ 痛・　・㋓ 司
⑤ 供・　・㋔ 境

3 次の漢字の読み方を、送りがなもふくめて書きなさい。

① 吸う（　）
② 補う（　）
③ 疑う（　）
④ 沿う（　）

4 ——線の漢字の読み方を書きなさい。

① 源をたどる。（　）
② 部屋が暖まる。（　）
③ 値打ちのある品物。（　）
④ 自宅で商売する。（　）
⑤ 周辺を警備する。（　）
⑥ 従順な態度。（　）
⑦ 日誌をつける。（　）
⑧ かぶと虫の幼虫。（　）

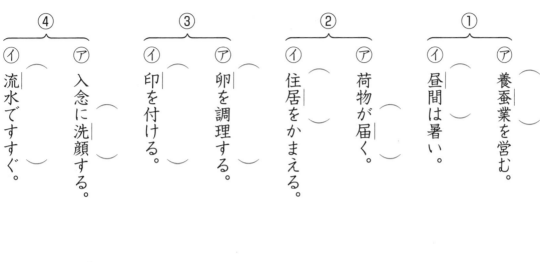

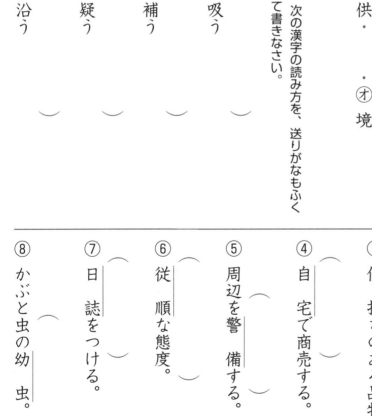

進級テスト(5) 書き

月　日

時間 20分 【はやい15分・おそい25分】
合格 80点 (一つ4点)
得点　　点

1 同じ訓読みの言葉を、漢字と送りがなで書きなさい。

① いる
　㋐ 部屋に（　　）
　㋑ 弓を（　　）

② つくる
　㋐ 料理を（　　）
　㋑ 製品を（　　）
　㋒ 未来を（　　）

③ うつる
　㋐ 家を（　　）
　㋑ カメラに（　　）
　㋒ テレビに（　　）

2 次の□にあてはまる漢字を書きなさい。

① 半信半□

② □口同音

③ □意工夫《くふう》

④ 共□共栄

3 次の体の部分を、漢字で書きなさい。

① □□《しんぞう》

② □□《せなか》

③ □□《ずのう》

④ □《はい》

⑤ □□《きんにく》

4 次の漢字を書きなさい。

① □《わたくし》がご案内いたします。

② 後ろ□《すがた》が似ている。

③ 集まった意見を□□《しゅしゃ》する。

④ □□《はいく》をよむ。

⑤ （　　）《おさない》兄弟の母親。

⑥ 先生の言葉に（　　）《したがう》。

⑦ □□《こめだわら》をかつぐ。

⑧ 栄養を□□《きゅうしゅう》する。

解答

漢字 3級

1ページ

1 ①きんがく・くら ②ちょうふく(じゅうふく) ③だんけつ ④どうきょ ⑤も ⑥こうさく ⑦えん ⑧みちび

2 ①ゆうじょう ②きんがん ③ひりょう ④きょか ⑤はんにん ⑥きゅうしき ⑦かり ⑧ぎじゅつ

3 ①きょうみ ②みき ③きず ④れきし ⑤ようい ⑥きじゅつ ⑦すえなが ⑧こんごう

2ページ

1 ①仮 ②規則 ③肥やし ④測定 ⑤比例 ⑥支出 ⑦責める ⑧限り

2 ①損 ②用務員 ③複数・犯行 ④講習 ⑤絶つ ⑥保つ ⑦率いる ⑧情け

3 ①対応 ②混み ③団体 ④罪 ⑤暴れる ⑥貸す ⑦仮面 ⑧県境

3ページ

1 ①せつぞく ②まよ ③こうざん ④せいじか ⑤にってい ⑥いっとうしょう ⑦たがや ⑧けわ

2 ①す ②さいがい・ふっこう ③しんちく ④ぞうきばやし ⑤ひたい ⑥ほけんしょう ⑦どう ⑧な

3 ①ま ②さんみゃく ③さつじんざい ④せいせき ⑤きゅうじょ ⑥いんしょう ⑦こうか ⑧ひさ

4ページ

1 ①損得 ②枝 ③合格 ④輸出 ⑤応える ⑥職員室 ⑦居間 ⑧過去

2 ①似て ②支え ③持久力 ④文句 ⑤修学 ⑥精神 ⑦永遠 ⑧祖先

3 ①新幹線 ②教師・指導 ③武士 ④境界線 ⑤消費税 ⑥易しい ⑦世紀 ⑧囲まれる

5ページ

1 ①おさ ②ねんりょう ③まよ ④き ⑤ざいさん ⑥じゅんび ⑦きんし ⑧せいげん

2 ①ていでん ②ようりょう ③えきたい ④しゅっぱん ⑤ぼうえき ⑥ふきそく ⑦よぼうせっしゅ ⑧ぜったい・ゆる

3 ①めんしき ②じょうたい ③げんしょう ④はか ⑤じこ ⑥た ⑦ふくざつ ⑧いしき

6ページ

1 ①述べる ②水準 ③殺す ④習慣 ⑤性格 ⑥責任 ⑦打率 ⑧務め

2 ①評価 ②想像 ③暴力 ④減る ⑤会費 ⑥利益 ⑦団体行動 ⑧損得

3 ①武者 ②指導 ③肥えた ④比べ ⑤演技・構え ⑥禁 ⑦品評会 ⑧総合

7ページ

1 ①しゅう ②おさ ③しゅうにゅう

2 ①かんしゅう ②がっしゅうこく ③たいしゅう

3 ①じょせつ ②かいじょ ③のぞ

4 ①ぜん ②よ ③さいぜん

5 ①かぶわ ②かぶ ③かぶしき

6 ①きぬおりもの ②きぬいと(けんし) ③きぬ

8ページ

1 ①収 ②収入 ③収める ④回収

2 ①合衆国 ②衆 ③大衆 ④群衆

3 ①除雪 ②除く ③除く ④除草

4 ①善い ②善 ③最善 ④善良

5 ①株式 ②株分け ③株 ④切り株

6 ①絹織物 ②絹 ③絹糸 ④絹

チェックポイント 「衆」は七画目以降の筆順に注意します。

9ページ

7 ①かいこ ②さんしつ ③ようさんぎょう

8 ①しせい ②すがた ③ようし

9 ①かち ②ね ③ねう

10 ①ほじょきん ②おぎな ③ほしゅう

11 ①けいざい ②す ③きゅうさい ④へんさい

12 ①しりつ(わたくしりつ) ②しよう ③わたくし(わたし) ④しふく

10ページ

7 ①蚕 ②養蚕業 ③蚕室 ④蚕糸

8 ①姿勢 ②姿 ③姿 ④容姿

9 ①値 ②価値 ③値打ち ④数値

10 ①補助金 ②補う ③補習 ④候補者

11 ①経済 ②済む ③救済 ④返済

12 ①私物 ②私 ③私 ④私鉄

チェックポイント 「補」は四画目と十二画目の点を忘れないように打ちます。「私」は二通りの訓読みがあります。「私立」は「しりつ」と「わたくしりつ」と二つの読み方があることを知っておきます。

11ページ

1 ①かんしゅう ②のぞ ③ぜん ④かぶ ⑤じょきょ ⑥さいぜん ⑦がっしゅうこく ⑧かぶしきがいしゃ

2 ①きぬおりもの・ね ②かいこ ③ほしゅう ④けいざい ⑤きぬいと(けんし) ⑥ようさんぎょう ⑦しりつ(わたくしりつ) ⑧かち

3 ①おぎな ②す ③わたくし(わたし) ④おさ ⑤すがた ⑥ね ⑦ようし ⑧しゅうにゅう

12ページ

1 ①大衆 ②除雪 ③善悪 ④株主 ⑤最善 ⑥解除 ⑦群衆 ⑧株

2 ①補習 ②蚕・絹糸 ③姿 ④値 ⑤絹 ⑥養蚕業 ⑦姿勢 ⑧価値

3 ①補う ②済む ③私 ④収める ⑤補助 ⑥共済 ⑦私服 ⑧収支

13ページ

13 ①そうさ ②たいそう ③そうぎょう ④せっそう

14 ①てんきん ②つと ③きんぞく ④きんべん

15 ①せなか ②せいくら ③はいご

16 ①かいへい ②と ③し

17 ①とど ②とど ③とど

18 ①しゅしゃ ②ししゃ ③す

14ページ

13 ①操作 ②操車場 ③体操 ④情操

14 ①勤労 ②勤める ③転勤 ④勤務

15 ①背中 ②背 ③背後 ④背比べ

16 ①開閉 ②閉会式 ③閉まる ④閉じる

17 ①届ける ②届く ③届ける ④届く

18 ①取捨 ②捨てる ③捨てる ④四捨

チェックポイント 「捨」は「拾」と書きまちがえないように注意します。

15ページ

19 ①かんたん ②かんけつ ③かんい ④かんそ

20 ①ていきょう ②こども ③そな

21 ①せんめんじょ ②あら ③せん ④すいせん

22 ①えんちょうせん ②の ③えんき
23 ①きんにく ②くびすじ ③すじが
24 ①けつろん ②ろんぶん ③ろん

16ページ

19 ①簡単 ②簡潔 ③簡易 ④簡略
20 ①子供 ②供える ③供給 ④提供
21 ①洗う ②洗 ③洗面所 ④手洗い
22 ①延長戦 ②延期 ③延びる ④延べ
23 ①首筋 ②筋肉 ③筋書き ④鉄筋
24 ①結論 ②論文 ③論 ④論理

チェックポイント 「論」は「輸」と読みまちがえたり、書きまちがえたりしないよう注意します。

17ページ

1 ①きんろう ②せ ③かいへい ④とど
⑤つと ⑥はいえい ⑦と ⑧とど
2 ①あら ②しゅしゃ ③ていきょう
④こども ⑤せんめんき ⑥そな
⑦す ⑧かんけつ・ろん
3 ①の ②きんにく ③へいかん
④そうさ ⑤えんき ⑥たいそう
⑦けつろん ⑧すじが

18ページ

1 ①供え ②勤める ③開閉 ④操作
⑤転勤 ⑥延期 ⑦閉じる ⑧背・届く
2 ①捨てる ②書簡 ③届け ④洗う
⑤取捨 ⑥簡単 ⑦提供 ⑧洗面器
3 ①延びる ②結論 ③筋 ④背後
⑤延長 ⑥操 ⑦論文 ⑧鉄筋

19ページ

1 ①ようさん ②おさ ③ほしゅう ④ね
⑤しざい ⑥す ⑦とど ⑧くびすじ
2 ①じょせつ ②よ ③かぶ ④かいこ
⑤きぬおりもの ⑥しゅしゃ ⑦ねう
⑧ぐんしゅう
3 ①きんむ ②ていきょう ③かんけつ
④はいけい ⑤へいかいしき ⑥の
⑦せんめんじょ・すがた ⑧けつろん

20ページ

1 ①経済・議論 ②捨てる ③価値
④勤める ⑤洗う ⑥収入 ⑦延長戦
⑧蚕
2 ①姿勢 ②株式会社 ③済ん ④合衆国
⑤操作 ⑥補う ⑦筋力 ⑧除く
3 ①収める ②供え ③絹織物
④善 ⑤私 ⑥背筋 ⑦閉まる
⑧届ける

21ページ

25 ①けんり ②じんけん ③しゅけん
26 ①きちょう ②きぞく ③ききんぞく
④こうき
27 ①したが ②じゅうじ
③じゅうぎょういん
28 ①せいい ②せいじつ ③せい
29 ①ごかい ②ごじ ③あやま ④ごさ
30 ①せんげん ②せん ③せんきょうし

22ページ

25 ①権利 ②主権 ③人権 ④実権
26 ①貴重 ②貴金属 ③貴族 ④貴婦人
27 ①従業員 ②従事 ③従う ④従順
28 ①誠実 ②誠心誠意 ③誠意 ④誠
29 ①誤解 ②誤る ③誤る ④誤字
30 ①宣 ②宣言 ③宣教師 ④宣伝

チェックポイント 「誠」は十三画目の点、「宣」は四画目の横ぼうを忘れないように書きます。

23ページ

31 ①やくわり ②わ ③わ
32 ①けんぽう ②りっけん ③けんしょう
33 ①てんぼうだい ②はってん
③てんじかい
34 ①てんらんかい ②かいらん
③いちらん ④かんらんしゃ
35 ①ひはん ②ひひょう ③ひ

36 ①ざっし ②しゅうかんし ③にっし
④しめん

24ページ

31 ①役割 ②割り算 ③割る ④割れる
32 ①憲法 ②立憲 ③憲章 ④憲章
33 ①展開図 ②展望台 ③展示 ④発展
34 ①一覧表 ②展覧会 ③遊覧船
④回覧板
35 ①批判的 ②批判 ③批評 ④批
36 ①雑誌 ②週刊誌 ③日誌 ④誌上

チェックポイント 「覧」は十一画目以降の「見」が「貝」にならないように注意します。

25ページ

1 ①じゅうぎょういん ②ごかい
③きちょう ④せいじつ ⑤したが
⑥ききんぞく ⑦せいい ⑧あやま
2 ①せんきょうし ②わ ③けんぽう
④てんじかい ⑤けんしょう
⑥ごわりび ⑦じんけん・せんげん
⑧てんぼうだい
3 ①いちらんひょう ②ひひょう
③ざっし ④けんりょく
⑤てんらんかい ⑥ひ ⑦にっし
⑧けんり

26ページ

1 ①貴重品 ②従業員 ③誠 ④誤解
⑤貴族 ⑥従う ⑦誠意 ⑧批
2 ①宣 ②役割 ③誤り ④週刊誌
⑤宣伝 ⑥割り ⑦憲章 ⑧展開
3 ①観覧席 ②批評 ③発展 ④権利
⑤展覧会 ⑥批判 ⑦日誌
⑧主権・憲法

27ページ

37 ①さが ②たんきゅう ③たんけん
38 ①たまごや ②たまご ③なまたまご
39 ①きけん ②あぶ ③きき
40 ①どうそうかい ②しゃそう ③まど
41 ①どうし ②めいし ③かし
42 ①こと ②いこく ③いじょう

28ページ

37 ①探す ②探検(探険) ③探す ④探究
38 ①卵 ②卵 ③生卵 ④卵
39 ①危険 ②危ない ③危機 ④危害
40 ①同窓会 ②窓 ③窓 ④車窓
41 ①品詞 ②形容詞 ③歌詞 ④作詞
42 ①異なる ②異議 ③異国 ④異常

チェックポイント 「卵」は二つの点を忘れないようにし、筆順に注意します。

29ページ

43 ①あたた ②おんだん ③だんとう
44 ①じしゃく ②じ ③じりょく ④じき
45 ①う ②う ③う ④きう
46 ①うちゅう ②ちゅう ③ちゅうがえ
47 ①そうさく ②つく ③どくそうてき
48 ①もけい ②もよう ③きぼ

30ページ

43 ①暖かい ②温暖 ③暖まる ④暖流
44 ①磁石 ②磁力 ③磁 ④磁器
45 ①宇 ②宇 ③宇 ④宇
46 ①宇宙人 ②宇宙 ③宙返り ④宙
47 ①創作 ②独創的 ③創る ④創刊
48 ①模型 ②規模 ③模写 ④模様

チェックポイント 「暖」は九画目の横ぼうを忘れないように書きます。「宙」の六画目はつき出して書きます。

31ページ

1 ①かし ②まど ③たまごや ④きけん
⑤どうそうかい ⑥あぶ ⑦つく
⑧ひんし
2 ①あたた ②こと ③じしゃく
④そうぎょう ⑤じき ⑥おんだん
⑦いじょう ⑧うちゅう・たんけん

3 ①そうりつ ②しゃそう ③もしゃ
④さが ⑤ちゅうがえ ⑥いへん
⑦もけい ⑧そうさく

32ページ

1 ①同窓会 ②磁石 ③暖流 ④危ない
⑤動詞 ⑥生卵 ⑦危険・探検(探険)
⑧歌詞

2 ①暖かい ②異なる ③窓 ④宇宙
⑤磁気 ⑥卵 ⑦異 ⑧探査

3 ①創立 ②模写 ③探し ④宙 ⑤独創
⑥詞 ⑦規模 ⑧温暖

33ページ

49 ①いぞく ②いしつぶつ ③いでん
④いさん
50 ①ほうもん ②れきほう ③たず
51 ①しゅうしょく ②しゅうぎょう
③しゅうこう
52 ①はいく ②はい ③はいじん
53 ①わす ②どわす ③わす
54 ①ようちゅう ②よう ③おさな
④ようじ

34ページ

49 ①遺 ②遺書 ③遺伝 ④遺産
50 ①訪問 ②訪ねる ③歴訪 ④訪日
51 ①就職 ②就任 ③就航 ④就業
52 ①俳句 ②俳人 ③俳味 ④俳
53 ①忘れ ②忘れる ③度忘れ ④忘れる
54 ①幼虫 ②幼 ③幼い ④幼児

チェックポイント 「俳」は三画目以降の筆順に注意します。

35ページ

55 ①しゅうきょう ②しゅう
③かいしゅう
56 ①ばくふ ②まく ③まくぎ
57 ①きゅうしゅう ②す ③きゅうにゅう
58 ①つうやく ②わけ ③えいやく
59 ①しょこく ②しょとう ③しょくん
60 ①はんえい ②うつ ③えいがかん

36ページ

55 ①宗教 ②宗 ③宗教心 ④改宗
56 ①幕府 ②幕 ③幕切れ ④幕末
57 ①吸 ②吸う ③吸入 ④吸収
58 ①通訳 ②言い訳 ③英訳 ④訳
59 ①諸島 ②諸問題 ③諸君 ④諸国
60 ①映写機 ②映画館 ③映る ④反映

チェックポイント 「幕」は「墓」と書きまちがえないように注意します。

37ページ

1 ①おさな ②わす ③ほうもん
④しゅうしょく ⑤はいく
⑥しゅうきょうか ⑦ようじ
⑧らいほう

2 ①えいやく ②いひん ③えいがかん
④しょがいこく・たず ⑤しゅうこう
⑥ほうべい ⑦はいじん ⑧しゅうにん

3 ①まく ②きゅう ③わけ
④いさん ⑤うつ ⑥しょくん
⑦ばくふ ⑧きゅうしゅう

38ページ

1 ①幕内 ②映画館 ③幕 ④吸う ⑤訳
⑥遺 ⑦反映 ⑧遺伝

2 ①幼児 ②宗 ③俳人 ④就学
⑤訪ねる ⑥吸 ⑦映写・映す ⑧諸国

3 ①訪日 ②忘れ ③幼虫 ④幕府 ⑤俳
⑥就 ⑦訪問 ⑧幼い

39ページ

1 ①きちょうひん ②したが ③せいじつ
④わ ⑤けんぽう ⑥てんらんかい
⑦けんり ⑧あやま

2 ①いでんし ②ざっし・そうかん
③わけ ④きけん ⑤どうそうかい
⑥めいし ⑦こと ⑧うちゅう

3 ①しゅう ②きゅうにゅうき ③ほうもん ④しょひ ⑤つく ⑥ようちゅう ⑦ばくふ ⑧えいが

40ページ

1 ①批判 ②探検(探険) ③異なる ④訳 ⑤誤解 ⑥宣伝 ⑦窓・割る ⑧展覧会

2 ①模型 ②創立 ③卵 ④吸 ⑤従来 ⑥暖かい ⑦危険 ⑧主権

3 ①諸外国 ②幕内 ③幼い ④忘れる ⑤遺伝 ⑥訪ねる ⑦俳人 ⑧宗教

41ページ

61 ①はい ②はいかつりょう ③はい

62 ①ないぞう ②しんぞう ③ぞうき

63 ①そんざい ②ほぞん ③ぞんぶん

64 ①じょうはつ ②じょうき ③じょうりゅうすい

65 ①すいそく ②すいり ③すいさつ

66 ①ひしょ ②ひでん ③ひきょう

42ページ

61 ①肺 ②肺 ③肺活量 ④肺

62 ①心臓 ②内臓 ③肺臓 ④臓器

63 ①存在 ②存分 ③保存 ④存続

64 ①蒸発 ②水蒸気 ③蒸留水 ④蒸気

65 ①推理 ②推進 ③推定 ④推測

66 ①秘伝 ②秘書 ③秘 ④秘境

チェックポイント 「蒸」は九画目の横ぼうを忘れないようにします。

43ページ

67 ①ひみつ ②みっこく ③みつりん

68 ①ゆうしょう ②ゆうせん ③ゆうい

69 ①はんしゃ ②い ③はっしゃ

70 ①しゅのう ②ずのう ③のうてん

71 ①かじゅえん ②じゅもく ③しょくじゅ

72 ①こうこう ②おやふこう ③こうよう

44ページ

67 ①秘密 ②綿密 ③親密 ④密度

68 ①優勝 ②優 ③優位 ④優先

69 ①射る ②直射 ③発射 ④反射

70 ①脳波 ②脳天 ③頭脳 ④首脳

71 ①果樹園 ②樹木 ③植樹 ④樹立

72 ①孝行 ②不孝 ③孝 ④孝養

チェックポイント 「孝」は「考」と書きまちがえないように注意します。

45ページ

1 ①すいさつ ②じょうき ③ないぞう ④ぞんぶん ⑤じょうはつ ⑥しんぞう ⑦せいぞんしゃ ⑧すいそく

2 ①ひきょう ②みつど ③ゆうしょう ④はんしゃてき ⑤みつりん ⑥い ⑦ゆうせん ⑧ひみつ

3 ①のうてん ②じゅりつ ③こうこう ④はい・ぞうき ⑤ずのう ⑥かじゅえん ⑦こうよう ⑧すいり

46ページ

1 ①蒸気 ②存分 ③臓器移植 ④推定 ⑤蒸発 ⑥存在 ⑦推進 ⑧優・頭脳

2 ①反射 ②密林 ③秘書 ④優先 ⑤密度 ⑥秘境 ⑦射る ⑧優位

3 ①脳波 ②密 ③植樹 ④親不孝 ⑤生存者 ⑥首脳 ⑦樹木 ⑧肺

47ページ

73 ①いしだん ②だんらく ③かいだん ④しょだん

74 ①ぎもん ②うたが ③しつぎ

75 ①しげん ②すいげん ③みなもと

76 ①ほうこ ②ざいほう ③たからじま ④ほうせき

77 ①たくち ②じたく ③じゅうたく

78 ①ざ ②せいざ ③ざだんかい ④ざせき

48ページ

73 ①段落 ②手段 ③階段 ④値段
74 ①質疑 ②疑う ③疑問点 ④半疑
75 ①起源 ②資源 ③水源地 ④源
76 ①宝物 ②宝島 ③宝庫 ④宝石箱
77 ①宅地 ②住宅地 ③社宅 ④自宅
78 ①座 ②星座 ③座談会 ④正座

チェックポイント 「宝」は八画目の点を忘れないように書きます。「座」は八画目以降の筆順に注意します。

49ページ

79 ①しんようじゅ ②はり ③しんろ
80 ①さ ②すなば ③さてつ
81 ①ちょうじょう ②いただき ③いただ
82 ①いた ②ずつう ③いた
83 ①こくもつ ②ざっこく ③こくそう

50ページ

79 ①針葉 ②針路 ③針金 ④方針
80 ①砂 ②砂場 ③砂鉄 ④砂金
81 ①頂上 ②頂く ③頂 ④頂点
82 ①痛い ②頭痛 ③痛める ④悲痛
83 ①穀物 ②穀倉 ③穀 ④雑穀

51ページ

1 ①たく ②ぎもんてん ③すいげんち ④ほうこ ⑤うたが ⑥みなもと ⑦たからじま ⑧じゅうたく

2 ①はり ②しつぎおうとう ③いただき・せいざ ④さてつ ⑤いただ ⑥しんようじゅ ⑦すなば ⑧ざだんかい

3 ①だんらく ②ひつう ③こくそう ④ざっこく ⑤いた ⑥いしだん ⑦こくもつ ⑧ちょうじょう

52ページ

1 ①宝 ②砂場 ③源 ④山頂 ⑤宝物 ⑥宅地 ⑦疑問 ⑧資源

2 ①頂く ②方針 ③疑い ④座 ⑤質疑 ⑥砂鉄 ⑦宅 ⑧座

3 ①穀物 ②針・痛い ③段落 ④源 ⑤痛 ⑥指針 ⑦階段 ⑧雑穀

53ページ

84 ①ふしょうしゃ ②しょうしん ③きず
85 ①しぼう ②ぼう ③ぼうめい
86 ①はん ②はんちょう ③はんべつ
87 ①たいさく ②せいさく ③さくりゃく ④さんさく
88 ①ぶんたん ②たんにん ③ふたん ④かたん

54ページ

84 ①負傷者 ②傷 ③感傷的 ④傷心
85 ①亡 ②死亡 ③亡命 ④亡国
86 ①班 ②班別 ③班長 ④班員
87 ①対策 ②政策 ③策略 ④方策
88 ①分担 ②担任 ③負担 ④担当

チェックポイント 「傷」は九画目の横ぼうを忘れないように書きます。「策」は九画目を折ってはね、十画目を上につき出して書きます。

55ページ

89 ①けいさつ ②けいかん ③けいび ④けいほう
90 ①しょうぼうしょ ②しょちょう ③しょめい
91 ①いっぴょう ②すみだわら ③どひょう
92 ①えんがん ②えんせん ③そ
93 ①ほしょう ②こしょう ③しょうじ

56ページ

89 ①警察 ②警備 ③警官 ④警告
90 ①署長 ②消防署 ③署名 ④部署
91 ①一俵 ②米俵 ③土俵 ④炭俵
92 ①沿岸 ②沿線 ③沿って ④沿道
93 ①障害物 ②故障 ③障子 ④保障

チェックポイント
「署」は一画目から五画目を「日」と書かないように注意します。「城」は九画目の点を忘れないようにします。

57ページ

1 ①しょめい ②ふけい ③いっぱん
④こめだわら ⑤えんがん
⑥しょうがいぶつ ⑦けいさつしょ
⑧けいこく

2 ①きずぐち ②たいさく ③ぼうめい
④けいび・たんとう ⑤はんべつ
⑥さくりゃく ⑦ぶんたん ⑧どひょう

3 ①えんどう ②しょうじがみ
③ぼうめい ④ぞ ⑤ぶしょ
⑥ふしょうしゃ ⑦ふたん
⑧いっぴょう

58ページ

1 ①土俵 ②傷 ③沿って ④故障
⑤死傷者 ⑥保障 ⑦亡命 ⑧策略

2 ①米俵 ②警備・担当 ③政策 ④班長
⑤沿線 ⑥障害物 ⑦亡 ⑧傷口

3 ①警察 ②署名 ③障子 ④負担
⑤対策 ⑥班 ⑦死亡 ⑧消防署

59ページ

1 ①ぞうきいしょく ②そんざいかち
③じょうはつ ④すいそく
⑤こめだわら ⑥しょうがい
⑦ゆうしょうき ⑧はんしゃしんけい

2 ①かじゅえん ②たからさが ③うたが
④ずのう ⑤こうこう ⑥そ
⑦みなもと ⑧じゅうたく・みっしゅう

3 ①ししん ②ざだんかい ③ざっこく
④いただき ⑤しょうじ ⑥すな
⑦ずつう ⑧きずぐち

60ページ

1 ①心臓 ②存分 ③蒸気 ④推進
⑤秘密 ⑥沿岸・警備 ⑦優先 ⑧射る

2 ①樹木 ②首脳 ③肺 ④段階 ⑤資源
⑥一俵 ⑦宝庫 ⑧警察署

3 ①亡命 ②担当 ③対策 ④穀物 ⑤針
⑥班長 ⑦痛い ⑧頂上

61ページ

1 ①えい・うつ ②たん・さが
③しゅう・おさ ④じょ・のぞ
⑤だん・あたた ⑥ざい・す
⑦ちょう・いただ ⑧へい・と

2 ①㋐ことなる ㋑ひとしい
②㋐うたがう ㋑しんじる
③㋐わすれる ㋑おぼえる
④㋐したがう ㋑さからう

3 ①すいてい ②ほきゅう
③じゅうたく ④ていきょう
⑤ききんぞく ⑥みんしゅう
⑦ふしょう・くつう ⑧じゅりつ
⑨けいかん・たんとう ⑩すな・す

62ページ

1 ①危険 ②手段 ③簡単 ④固定
⑤権利 ⑥温暖 ⑦消費 ⑧収入

2 ①武者 ②心臓 ③質疑 ④日誌

3 ①覧 ②論 ③衆 ④忘 ⑤窓

4 ①遺品 ②蚕 ③米俵 ④貴重
⑤展示会 ⑥創意 ⑦就職 ⑧秘密

63ページ

1 ①㋐ぼ ㋑も ②㋐ばく ㋑まく
③㋐そん ㋑ぞん

2 ①ちゅうがえり ②かぶわけ
③うしろすがた ④たまごやき
⑤ねうち

3 (順不同)
えんかい・じしゃく・うちゅう・けいご

4 ①の ②あやま ③けいしょう
④そ・ほうしん ⑤い ⑥かんたん
⑦ざっし・そうかん ⑧ゆうび
⑨たず ⑩そうさ
⑪きぬおりもの